书香润泽生命

让教师幸福成长的阅读感悟

吴健◎主编

Shuxiang Runze Shengming

江蘇鳳凰教育出版社
Phoenix Education Publishing, Ltd

图书在版编目（CIP）数据

书香润泽生命：让教师幸福成长的阅读感悟/吴健主编.
—南京：江苏凤凰教育出版社，2019.5

ISBN 978-7-5499-8066-6

Ⅰ.①书…　Ⅱ.①吴…　Ⅲ.①教育－中国－文集
Ⅳ.①G52-53

中国版本图书馆 CIP 数据核字（2019）第 102694 号

书　　名	书香润泽生命——让教师幸福成长的阅读感悟
作　　者	吴　健
责任编辑	雷利军　汪红英
出版发行	江苏凤凰教育出版社（南京市湖南路 1 号 A 楼　邮编 210009）
苏教网址	http：//www.1088.com.cn
照　　排	北京晨罡文化发展有限公司
印　　刷	三河市九洲财鑫印刷有限公司
厂　　址	河北省三河市灵山大口
开　　本	787 毫米×1092 毫米　1/16
印　　张	16
字　　数	246 千字
版　　次	2019 年 11 月第 1 版　2019 年 11 月第 1 次印刷
书　　号	ISBN 978-7-5499-8066-6
定　　价	40.00 元
网店地址	http：//jsfhjycbs.tmall.com
邮购电话	025-85406265，85400774　短信　02585420909
E - mail	jsep@vip.163.com
盗版举报	025-83658579

本书编委会

顾　问　陶继新　李韫琬　齐国强　李升勇　李学武

主　编　吴　健

编　委　李　超　张书才　李　明　赵军庆　崔晓楠

宋心峰　李俊红　张立敏　鞠红英　刘景水

许　霞　郑圆圆　刘玲玲　魏传芳

前　言

以文会友，以友辅仁

——写在《书香润泽生命——让教师幸福成长的阅读感悟》出版之际

不少教研员将更多的精力放在了听课、评课、研究教师备课等方面，吴健老师在关注这些研究的同时，在教师读书方面也下了一番很大的功夫。他认为，要想提升教师的综合业务水平，读书是绕不过去的一个坎，只有每天不间断地读书，与书籍结下终生的友谊，才能拥有深厚的文化底蕴，才能厚积而薄发，工作起来才能游刃有余，有所突破。往深层次讲，读书还与教师的生命走向有着极其重要的关联，当持续不断地阅读好书的时候，教师就会自然而然地改变自己的话语方式、思维走向、生命状态，并在生命的不断飞跃中感受生命成长的快乐，提升自身的幸福感。

正是基于这样的思考，2008 年 12 月，吴健老师倡导并组织乐陵市喜爱读书、渴求发展的教师组建了乐陵教师读书会。读书会虽不是官方组织，也没有经费来源，但吴健老师和他的团队仍然做得津津有味、乐此不疲，坚持至今已成绩斐然。

这让我想起了“孔颜乐处”的乐感文化，因为教师们不仅从读书中品尝到了生命成长的快乐，而且有了“己欲立而立人，己欲达而达人”的“忠道”精神。读书会聚集了一批渴求发展的教师，也成就了一批教师，尤其是一批积极向上的青年教师。

每一个生命都有巨大的发展潜能，而读书会则为教师们搭建了一个适合他们成长的平台，帮助他们实现了生命发展的飞跃。有些教师通过读书，不仅改变了思想，在课程改革和学校管理等方面也成了学校的领军人物。

阅读本书中某些教师的文章，你会触摸到那根跳跃着的精神琴弦，感受到教师们“士不可以不弘毅，任重而道远”的教育担当意识。他们近十年如一日地读书，不但积蓄了丰富的知识，也拥有了一般教师所没有的教育智慧。于是，他们上课的时候，不再是照着教参“鹦鹉学舌”，而是有了自己相对独立的语系以及颇有见地的深层次思考。于是，课堂活了，学生听得兴趣盎然，教师的教学不再枯燥乏味，课堂有了不同程度的创造与再生。

当今社会，浮躁之风盛行，功利之气蔓延，本应是一片净土的文化教育圣地——学校，也或多或少地被浸染，甚至有的教师内心开始喧嚣起来。于是，就应了老子之言：“轻则失根，躁则失君。”本立才能道生，根本失去之后，心灵就会被灰暗所笼罩，还谈什么成长。

乐陵教师读书会的教师们因为有了好书的精神滋养，非但没有随波逐流，反而将心灵安顿了下来。他们即使遭遇困难和波折，也会从书中悟道，并将其视作生命的本然，坦然而又积极地面对，甚至还会在克服困难的生命突围中享受到难以言表的心灵愉悦。心灵丰盈了，生命状态就会随之发生改变。一位心理阳光与积极向上的教师，不但能保持身心健康，还会在无形中影响到学生及其家人，让他们也在成长中感受到幸福的洗礼。

在加入读书会以前，很多教师觉得自己以前常有抱怨，职业倦怠情绪也如影随形，而加入读书会后，通过大量系统的阅读，仿佛打开了生命的另一扇窗户，让其感到生命不应当如此消极，而应当阳光灿烂。他们本以为自己只是一个教书匠而已，按月领取工资，希望早日退休、颐养天年，可自从加入读书会后，感受到生命的每一时刻都很有意义，即使到了退休之日，其精神生命不但不会终结，还有可能放射出更加灿烂的光辉。

每一个教师都有巨大的潜能，他们完全可以成为名师以至教育专家。不断读书，持续努力，就会产生“虽不能至，而心向往之”的美好愿景。而有了这种渴求发展的感觉，就会倾听到生命拔节的声音，就会感受到生命存在的意义，进而就会感受到自身存在的价值。

书中教师们的文章内容由于来自教育与生活实践，加之是作者动情动心而写，所以多有让人心动而感怀的佳作。他们书写的是自身或周边之人的生活及其感悟，让人不由得就会想起“诚之者，人之道也”的妙语。真诚不但是为人之本，也是写作之要。有了真诚，写出的文章就不会造作，就会有撼动人心的力量。更重要的是，本书是一批有教育情怀与文化品格的教师集体创作的结晶，让人读来会更有感触，它会在某个生命的环节敲开读者生命的大门，让他们也爱上读书，爱上生活，爱上教育，从而改变生命的走向。

细读书中的文章，还不时会发现，有些教师的文章中的哲思之言虽是寥寥数语，却已有了学理的光芒，并如点睛之笔升华了整篇文章。这并非抄录的某些名言警句，而是书写到某个节点时思想的跃动。这些文字不是坐在书斋里总结出来的空洞理论，而是从教育教学实践与生命经历中升华出来的结晶，因此更有力量，也更有价值。

渐渐地，教师们从读书中尝到了甜处，对读书就有了更大的兴趣，有的教师还读了很多世界名著，甚至背诵了一些古代经典。更令人可喜的是，有些教师还经常在各种报刊发表文章，而且内容很有品位。这些文章中蕴含着丰富的生活与教育实践，因此也拥有了一种特殊的味道。

吴健诚邀我担任本书顾问，我欣然应允。因为我们是相交已久的朋友，并为其组织教师读书会的一份特殊情怀所感动。本书中有几篇文章是由几位教师读我的书或听我的报告后有感而写成的文章，让我感动莫名的同时，又心生更大的责任感。写文，不只是为了发表，也不只是为了出书，更重要的是记录成长，传达智慧。所以，这本书的出版，也在提醒着我要更加用心作文、做人与出书，与本书的作者“以文会友，以友辅仁”，与更多的读者进行心灵的对话。

陶继新

2018 年 8 月 13 日，写于济南

目录 CONTENTS

读书论坛

鲁迅先生曾经说过：“时间就像海绵里的水，只要愿意挤，总还是有的。”时间对于每一个人来说，都是公平的。然而，每一个人对于时间的利用却是千差万别的。乐陵教师读书会的教师们在工作之余是怎样度过的呢？走进他们写的文章，或许你会有新的发现和感触！

本组文章汇集了读书会的教师们在全市教师读书论坛上的交流研讨和思维碰撞，从不同侧面反映了教师们读书成长的真实心路历程，句句发自肺腑，篇篇令人深受启发，从中我们能够倾听到教师们生命成长拔节的声音。

以读书引领教师幸福成长

山东省乐陵市教育局　吴　健

从事教研工作已多年，以前每次去学校进行教学视导，我都特别注意观察教师办公桌上的摆设，除了一摞摞的作业本，多数教师阅读的都是薄薄的课本、教学参考书，再就是学校统一订阅的《山东教育》杂志。近几年，随着我市中小学课外阅读和“师生共读”活动的开展，部分语文教师开始阅读文学类、科普类的书籍。

教师阅读量不大和文化底蕴不够，反映在备课上，是年复一年的照搬照抄，老调重弹；反映在课堂上，是照本宣科、肢解课文，是语言的趣味索然，是让学生感觉枯燥乏味的琐碎提问；反映在学生教育上，可能是对学生的厌烦和呵斥，甚至会为了眼前的一点分数而不择手段，失去了为人师者应有的良知。

陶继新老师曾多次谈道：“一个不爱读书的教师不可能成为优秀的教师；一个不喜欢阅读的学生绝不是一个优秀的学生；一个没有阅读的学校永远不可能有真正的教育。”一个爱阅读的教师能提供较高质量的教学，能对学生产生精神层面的启迪、影响，在不知不觉中传递生活的美好，传达善良的心意，培养敞亮的心胸。在很多情况下，学生会因教师对阅读的热爱而喜爱阅读，会因教师对书籍的迷恋而迷恋书籍。事实上，真正优秀的教师都是爱读书的教师。我认识很多爱读书的名师，听他们的课，跟他们聊天，都是一种享受。他们往往视野开阔，丰厚大气，从不拘泥于教材和教参，他们本身就是课程的开发者。由此，通过引领教师的读书学习来促进专业成长，进而推进课程改革深入持久地开展，使改革求变成为广大教师的迫切意识，成了摆在我们面前的重要课题。

2001年课改之初，各种各样的培训纷至沓来，但实施效果并不理想。在教师的思想素质以及发展意识没有同步跟进的情况下，仅仅培训教材和课标，等于丢了“道”而只抓“术”。如果没有长远的发展意识，没有正确的思想引领，教师就会处于被动接受、消极应付的状态。2005年，借助建立语文学科中心组的契机，我开始有意识地利用团队的力量来推进教研工作的开展。当时，大部分学校受教科研水平和学习资源短缺的制约，在培养带头人方面缺少相应的机制和规划，很多教师只满足于学科成绩排名前列的现状，缺少自我发展的意识，教学无创新、少趣味，自身素质止步不前，教育教学不能吸引学生。2007年以后，随着乐陵市招聘教师的力度不断加大，一批从正规师范院校毕业的青年教师开始进入农村中小学任教。这些新教师虽然学历较高，也富有激情活力，但如果长期陷于一个不求发展的氛围中，久而久之也会消磨掉自身的优势。鉴于此，需要对他们在思想素质和业务技能方面有及时、恰当的引领，搭建适合他们学习发展的平台。“独学而无友，则孤陋而寡闻。”建立一个县域范围内的学习共同体已经迫在眉睫。2008年12月，在时任教育局党委委员、教研室主任齐国强，教科所所长路学志的大力支持下，乐陵教师读书会正式成立。读书会当时有成员28名，骨干力量均来自语文学科中心组。现在，读书会成员已发展到89名，其间，很多教师因为各种原因而申请退出，也有很多教师因渴求发展而加入进来。

读书会采取个人自学和集中交流相结合的方式，集中交流活动一般安排在节假日，采取板块式结构，由理事会成员轮流主持。经过不断改进，现在的集中交流活动分为经典诵读、读书交流、教改论坛、朗读者、国学讲堂、书法练习等板块。读书会的基本宗旨是给喜爱读书、渴望发展的教师搭建一个互相交流学习的平台，“与书为伴，以文会友，主动实践，共同成长”。我们要求每位成员要把读书和写作作为每天的必修课，从书籍中汲取营养和智慧，学以致用，开阔眼界，感悟真情，解答疑虑，获取力量，在读写中发现美不胜收的风景。自读书会成立以来，已举办各种读书论坛活动150余次，整理了读书论坛、读书悟理、生命成长、教育故事、听课回想、智慧课堂、诗意诗韵等系列文集，共计1500余篇。读书会的教师们的辛勤耕耘也取得了骄人的成果，他们不仅在各级报刊上发表了诸多作品，而且在各级优质课、教学能手、教学基本功比赛中屡获佳绩，很多教师还获得了“师德标兵”“优秀教师”和“创新教师”的殊荣。2017 年 3 月，读书会的张书才老师和崔晓楠老师被德州市教育局确定为“德州名师”培养对象。

乐陵教师读书会的发展和影响引起了媒体的关注。2016 年 3 月，《教师月刊》以专栏的形式推介了乐陵教师读书会。2016 年 10 月，《基础教育课程》（半月刊）以《遇见更美好更强大的自己——山东德州乐陵教师读书会纪实》为题，对乐陵教师读书会进行了详细的报道。齐鲁网、大众网、山东省教育厅和德州市教育局网站也多次报道过读书会举办的相关活动。

“一个人可以走得很快，但一群人可以走得更远。”乐陵教师读书会发展到现在，队伍越来越壮大，这得益于陶继新老师的思想引领和具体指导，得益于各级领导和校长们的大力支持，还得益于读书会教师们的互相激励、执着坚守。很多教师纯洁得像孩子一般，就是单纯地爱读书、好钻研，把学校和课堂当作实践自己教育梦想的舞台。教师们放弃了节假日的休息时间，潜心研习，笔耕不辍，躬身实践，汗水和笑容相伴，收获与快乐相依。读书会给了教师们清晰认知专业发展的眼睛，为大家插上了学习成长的双翼，也带动了乐陵市教育教学改革的不断发展。

根据教育局党委的要求，在乐陵教师读书会的引领和指导下，全市各中小学都建立了教师读书会，并且定期开展活动，读书学习蔚然成风。现在，我们还定期举办全市中小学教师读书论坛活动，以读书会成员的学习成果展示来影响和推动全市教师的读书学习活动。乐陵教师读书会已经成为乐陵教育的一道靓丽风景线。

我的读书，我的成长

山东省乐陵市实验中学　白书贞

在《语文的文化品格》这本书中，陶继新老师说，作为教师，首先应该是个读书人，应该有文化。文化不仅可以改变教师的教学方式，同时还能改变教师的话语方式、思维走向、生命状态、心灵境界以及幸福指数。的确，通过这几年的阅读，我感受到书籍的力量是巨大的，带给人的影响是全方位的。下面，我结合自己的读书经历谈一谈我的读书，我的成长。

更新理念，改变课堂

读书首先改变的是我对待课堂的态度。此前，我对课堂总有些心不在焉，它好像是我生命中的“副业”一样。我很少静下心来考虑这节课该怎么上，怎样才能出效果。课堂程式很少变动，每天照本宣科地给学生讲一讲，让学生抄抄词语、背背中心思想就算完事。

钱理群教授认为，中国的教育，特别是中小学语文教育，有个重大的失误，就是把原本有无限趣味的课本变得枯燥乏味，令人厌恶，甚至害怕。一句话惊醒梦中人，我的心灵受到了极大的震动，也深刻地反省了自己。

2009 年，我加入了乐陵教师读书会，通过阅读一些专业书籍，我认识到课堂之于我生命的重要性：它是我的“正业”，是我的“命业”，我应该对它怀有深深的敬畏感，我为之前对它的懈怠而感到自责。在这样的心理状态下，我开始改变我的教学方式。我把课堂还给学生，在课堂上开始以学生的学为主，我则成了课堂活动的引导者、组织者、合作者。我从激发学生的学习兴趣入手，采用小组合作的学习方式，让学生以小组为单位朗读课文、解决生字词、理清文本脉络、讨论教师提出的问题等。学习过程中，我发现学生朗读课文时添字掉字的现象很严重，就尝试以“小组对抗赛”的方法，培养学生认真严谨的读书态度。由此，学生学习的积极性大大提高了，学习效果也变得非常好。

在《教语文，其实很简单：小学语文名师讲演录》这本书中，于永正老师告诉我，教语文的妙法，一是多读，二是多写。受此启发，我在我的语文课上增加了“学生练笔”这一内容。我们有专门的“随笔赏读课”，学生非常喜欢，他们都非常期待每周一次的“随笔赏读课”。我也经常从学生写的随笔中挑选一些去投稿，不少学生的作品在各级报刊上发表了，这对学生来说是一种很大的激励，极大地提高了学生的写作兴趣。

《朗读手册》中曾这样说：“为什么这些孩子如此热衷于阅读，而走廊对面的班级却完全不阅读？相同的校长、相同的年级、相同的教科书，这究竟是怎么回事？……差异就在于站在教室前面的那个人——老师。”因为我自己获益于读书，真切感受到了阅读能带给人深远的影响，所以，我把引领学生走进阅读的殿堂作为自己的重要责任。我亲自去学校图书室为学生借阅图书，还从家里带书给学生阅读。我曾把我女儿的《小老鼠皮克历险记》带到班里，每天放学前给学生读一章，和学生一起感受小老鼠皮克经历的各种酸甜苦辣。我读完一章便会停下来，在学生兴趣高涨的时候，让他们回家写续集，看谁写得好。第二天赏析完学生的作品，我再接着读原著。的确，如我期待的那样，学生写的续集非常精彩，引人入胜。

李镇西老师的《爱心与教育：素质教育探索手记》令我感触颇深。他说：“‘后进学生’的‘自我教育’很难一劳永逸，相反，这是一个充满反复的长期教育过程。”这让我对教育有了更深刻的理解，所以，我从不期望一劳永逸。面对学生的反复，我有了更多的理解，也有了足够的信心和耐心。我看待学困生的眼光发生了变化，不再把他们视为自己得奖金、评优秀的“拦路虎”，而是认识到他们是有着独立个性的、具备丰富感情的人，对他们最简单也是最好的教育，就是理解、尊重、欣赏、鼓励。

书籍，让我在学生面前少了生硬的说教，少了自以为是的颐指气使，少了一厢情愿的唯我独尊，多了理解、包容的爱心，多了温暖、仁慈的情怀。现在，我心目中理想的课堂，也是我所追求的目标是：让课堂成为吸引学生的“磁场”，成为师生共享的乐园，成为师生生命共同成长的精神高地。

开阔视野，引领写作

想想以前的日子，我不免感到惋惜。那时我还年轻，可我把旺盛的生命力都虚耗在了扑克牌与电脑游戏中，虚耗在了韩剧与无聊的闲谈中。而如今我走进了阅读这扇门，感受到了书的魅力，感受到了书中另一个宽广的世界，看到了原来我所不知道的一切，它让我沉迷，让我痴醉，让我心动不已。

读书对一个人的改变是潜移默化的，是深入骨髓的。读闫学老师，深深地为她的从容大气、淡雅如菊所吸引；读窦桂梅老师，她激情的文字、睿智的话语如榔头一般敲击着我的心；读王崧舟老师，他的诗意，他的儒雅，他的悲悯与超脱激荡着我的心灵；读吴非老师，他的凛然正气，他的人性温暖荡涤着我的灵魂。读《窗边的小豆豆》，小林校长的爱与宽容，让我感受到了教育者人格的伟大；读《故事里有你的梦想:18位名师的精神档案》，18位名师的经典故事感人肺腑，激励着我不断进取……

窦桂梅老师在《做一名有专业尊严的教师》中讲到，坚持读书，写随笔，回到实践中积累和反思，都是形成教师个人教育智慧的良好路径。郭元祥老师在《教师的20项修炼》中说，教师要养成读书写作的习惯，写作是教师对教育工作进行观察与思考的过程，是教师教育思想的自我展示过程。

基于此，我开始了写作的生活。只要有时间，我就坐在电脑前敲文字，用文字来涂抹自己的生活。课堂故事、教育感悟、读书随想、日常生活的点点滴滴渐渐在我的笔下开出了美丽的花。几年来，我写了700多篇文章，其中一些文章在《中华校园》《师道》《德州晚报》《乐陵市报》等报刊上发表。我真正体验到了写作带给我生命的成长和幸福。写作，已经成了我生活中不可割舍的一部分。

陶冶性情，滋养心灵

有人说，阅读是一种修行。的确，阅读改变了我的思维方式，沉淀了我的心性，滋养了我的灵魂。

读书让我的心变得敏感而细腻。一朵小花，惹出我无限的感慨；一片落叶，勾起我无尽的情思。看到残暴，我愤怒不已；看到助人，我温暖盈怀；看到凋零，我心生悲怆；看到正义，我热泪横流。

读书让我懂得，要低调做人，高调做事，虚心自持，方能自成高格。

书籍给予了我抗击生活阴影的力量。就拿去年来说，我的婆婆和母亲差不多同一时间得了脑血栓。我的母亲更严重一点，不能自己走路，说话不清，这对我的打击很大。我经常回忆母亲健康时的音容笑貌，难以相信母亲在短时间内就变成了现在这个模样。工作、家庭都要兼顾，身心非常疲惫，我的情绪也一度低落到了极点。有一天，在读陶继新老师的《做一个幸福的教师：陶继新教育讲演录》这本书时看到一段话："大自然有风和日丽也有狂风暴雨。人之生命历程也如是。即使遇到波折，甚至是大难临头，你也把它视为大自然当中一个和谐的音符；即使你取得了巨大的成功，也应将之当作绚丽的生命历程中的一朵小花而已。"这些话犹如阳光照进了我的心底，我有些开悟：人的生命就像这大自然一样，有繁盛的时节也有衰败的时候，更替轮回、阴晴圆缺是人生的常态，好也罢，坏也罢，我都要坦然接受生活赐予的一切。

于是，我开始每天微笑着面对生活，善待他人，关爱自己。我努力身体力行用自己乐观豁达的态度去感染别人，传达给他们乐观向上的力量，让他们感受生命的美好。

加入乐陵教师读书会，命中注定我要与书结缘。今天想来，上天如此眷顾于我，我是多么幸运，又多么幸福啊！所以，我心怀感恩，感恩我的读书会，感恩伴我生命之旅的经典书籍。

沐浴书香，幸福成长

山东省乐陵市阜平小学　崔晓楠

繁茂的枝杈间，有一个丑陋的蚕茧，它倒垂在那丫枝上，汲取雨露，等待重生的那一刻。虽然它不知道前方究竟是什么，可是它期盼着光明的到来。当它累积了足够的力量，咬破自己编织的茧，羽化成蝶的那一瞬间，它才发现自己有了如此华丽的蜕变！

我很感动于破茧成蝶带给我心灵的震撼，这个小小的生物竟蕴藏着如此强大的力量。其实在乐陵读书会里，我何尝不是一个小小的蚕茧呢？或许我蜕变的时间还需要很长，或许在这个过程中我会觉得枯燥和苦涩，但我仍期待着自己“破茧成蝶”时刻的到来。

思绪回到2009年，那一年我刚刚参加工作，还是一个初出茅庐的小女孩，大学学到的知识和语文教学似乎没有多少联系。于是，我就像在黑暗中一样，摸索着进行教学，却一直看不到什么成果。就在我一筹莫展的时候，校长推荐我加入乐陵教师读书会，我就报了名。入会后我才知道，在这里要读书、要交流、要写心得。这三件事对于当时的我来说，无疑是相当头疼的，因为我的大部分大学时光都是在画画中度过的，对于书籍的接触也仅限于杂文、小说，对于上台交流我曾经抵触万分，更别提写心得感受了。于是，在一开始我也就是按部就班地参加会议，写的读书心得也很枯燥乏味，总觉得自己并没有得到提高。而随着时间的推移，真正发现自己在书香的浸润中竟然已有所改变，还是五年前的一个晚上。那是2013年，我参加全国人文高端论坛活动，晚上回到宾馆梳理一天的所思所得，不知不觉笔下的文字就变成了涓涓细流，流进了我的心里。一连几天，我都享受着文字和心灵碰撞带来的美妙感觉。我清楚地认识到，这是我参加读书会多年以来积累和沉淀的成果。于是在接下来的几年时间里，我徜徉于书海，用书本的厚度去拓展自己生命的宽度。吴非的《不跪着教书》让我学会独立思考；魏书生与陶继新的《享受学习：魏书生与陶继新的教育智慧》让我感受人文情怀；《故事里有你的梦想：18位名师的精神档案》犹如饕餮盛宴丰富着我的味蕾；《教语文，其实很简单：小学语文名师讲演录》让我参悟了语文教学的真谛。自从读书会开设了“国学讲堂”之后，我又爱上了修身、齐家、治国、平天下的国学经典。虽然还不能做到出口成章，理解也仅限于表面，但我相信，随着时间的推移，我会感悟到国学之道。

在书香中成长的不仅有我，还有我的课堂。从书中获取的大量信息，让我在课堂教学中游刃有余。从之前单一的讲解，到现在多元的开放，由听到说，由说到写，帮助学生回归文字，去探寻语言的根本。在班内，我也领着学生一起读书。每读完一本书，我都会和学生梳理所得所思，大到内容梗概，小到字词句段，这些都成了课堂上津津乐道的话题。小小的班级就像是一个小型的读书会，为教学增添了不少乐趣。

一直以来我都被歌德《浮士德》中的主人公深深地影响着，从中我深刻地感悟到：只要我们精神上停止追求，满足现状，就意味着生命的死亡。读书就是这样，只要开始，就永不止步。因为你会从中感受到种种的甘甜，而这种甘甜是从任何事物中都无法汲取到的。

现在的我，依旧行走在读书的道路上，读得越多越感觉到自己是那样的渺小。但是，我会坚持用知识的厚度去铺垫脚下的基石。因为我知道，就像蚕茧一样，蜕变要经历漫长的等待，要经得起时间的锤炼，即使不能翱翔于蓝天，如果能在花间翩然起舞，也不失为一种莫大的幸福。

静听花开的声音

山东省乐陵市市中街道办善化桥小学　高吉龙

人们常说："教师要给学生一杯水，自己必须要有一桶水。"意思是说，教师要想教好学生，自己本身的知识要丰富，教师要不断地学习，拥有真才实学，才能做一名合格的教师。随着社会的发展，现在的学生通过各种渠道就可以获取大量知识和信息，若是教师不能与时俱进，不断学习，不断丰富、更新自己的知识，就无法做学生的引领者。那么，教师要怎样进行学习呢？我认为，读书就是一条很重要的途径。读书的过程就是学习、认知的过程，就是寻找差距、提高境界的过程，就是与世界进行交往、开阔眼界的过程，就是从狭隘走向广阔、提高素养的过程。

苏联著名教育家苏霍姆林斯基有一句名言：读书对一所学校意味着什么呢？意味着这是不是一所真正的学校。由此我联想到，读书对一个教师意味着什么呢？意味着这是不是一个真正的教师。一个真正的教师应该是一个与时俱进、不断读书、不断成长的教师。可以说，没有读书，就没有教师的成长；没有教师的成长，就没有高品质的教育。道理很简单，教师本身就是课程资源的重要组成部分，教师自身的成长是教育力量的源泉。读书不仅可以丰富教师的文化底蕴，使他们更具文化眼光，还可以使教师的内心变得丰富、鲜活、细腻和温柔，满足教师不断增长的内在需要，帮助教师克服因教学产生的倦怠感，使教学永远充满活力和内在的感染力。

读书的好处已被大家广泛认可，长期进行阅读却是一件很难坚持下去的事情，需要有组织的督促和引导，乐陵教师读书会就对教师的阅读起到了很好的促进作用。人们常常把课外阅读理解成课堂以外的阅读，实际上，它应该指的是课本以外的阅读，课外阅读也可以在课堂中进行。叶圣陶先生就很注重课外阅读，但这一观念在当时得到的回应很少。乐陵教师读书会很注重课外阅读，对教师的课外阅读教学发挥了积极的指导作用。

有人说“得语文者得天下”，虽有些夸张，我却是基本认同的，并且认为说这句话的人已经深刻认识到了读书的目的和重要性。我喜欢读书，书读得也杂，但是除了我仰慕和信赖的大家之外，我从不迷信权威。我认为，从个人成长的层面来讲，读书是为了提高认知，作为一名读者，应该多设身处地地去碰撞书中鲜活的观点，生发出自己的感想。因为书中提出的问题，可能就是自己的问题，可能就是班级学生的问题，可能就是周围人的问题，这就达成了读书的第一个目的——解惑。而读书的第二个目的是为了积累，一种看书中人物吃一堑，我们自己长一智的经验的积累，一种读他人的故事，形成自己人生感悟的积累。

古人说：以铜为镜，可以正衣冠；以史为镜，可以知兴替；以人为镜，可以明得失。今天我以书为镜，来谈谈自己在读书过程中的成长与感悟。

读书足以怡情，它是生活最好的润滑剂

心情抑郁时，李清照的《声声慢》就会不经然地到我的嘴边：“寻寻觅觅，冷冷清清，凄凄惨惨戚戚。乍暖还寒时候，最难将息。三杯两盏淡酒，怎敌他、晚来风急！雁过也，正伤心，却是旧时相识。”想一想李清照飘零的身世，比一比幸福的自己，压抑的心情就得到了舒缓。

倦怠无力时，我就会大声诵读《安塞腰鼓》：“看！——一锤起来就发狠了，忘情了，没命了！百十个斜背响鼓的后生，如百十块被强震不断击起的石头，狂舞在你的面前。骤雨一样，是急促的鼓点；旋风一样，是飞扬的流苏；乱蛙一样，是蹦跳的脚步；火花一样，是闪射的瞳仁；斗虎一样，是强健的风姿。黄土高原上，爆出一场多么壮阔、多么豪放、多么火烈的舞蹈哇——安塞腰鼓！”我突然感悟到，人生，就需要积极向上地舞蹈！

当我遇到艰难困苦时，孟子的话就会响在耳畔：“天将降大任于是人也，必先苦其心志，劳其筋骨，饿其体肤，空乏其身，行拂乱其所为，所以动心忍性，曾益其所不能。”于是我又有了前行的动力。

当我彷徨于人事的纷扰时，杨慎就会提醒我：“滚滚长江东逝水，浪花

淘尽英雄。是非成败转头空。青山依旧在，几度夕阳红。白发渔樵江渚上，惯看秋月春风。一壶浊酒喜相逢。古今多少事，都付笑谈中。”于是我有了淡泊的心境。

月光下散步，体会苏轼的心境：“庭下如积水空明，水中藻荇交横，盖竹柏影也。”抬头望明月，体会苏轼的情怀：“明月几时有？把酒问青天。不知天上宫阙，今夕是何年。”

青灯下赏读，万籁俱寂，三毛洒脱豁达的人生，朱自清歌颂的父爱，鲁迅铮铮的铁骨，还有路遥那平凡的世界，时而让我有所憬悟，时而让我有所生发，那种深沉的体验，如空谷幽兰送来的一缕芬芳，随着血液流淌，回环往复，绵绵不尽。

踏雪听音，放眼四望，感慨毛泽东的豪迈：“北国风光，千里冰封，万里雪飘。望长城内外，惟余莽莽；大河上下，顿失滔滔。山舞银蛇，原驰蜡象，欲与天公试比高。”

感性的我，总喜欢读些感性的文章，随着文章哭而哭，随着文章笑而笑，感性地去生活，理性地去解决问题。

读书足以傅彩，它让我收获了课堂

没有人能将自己没有的东西教给别人，只有博学的教师才能教出优秀的学生。为了丰富自己的知识，在书多、时间又有限的情况下，我采用“握手经典，书卷相随，长篇快读，撷取精华”的方法，把要读的书带在身边随时翻看，太厚的就拆开，读书“破”万卷嘛！精装本舍不得拆时，我就采用速读的方法，分六步——1. 了解作者；2. 看前言或序，整体把握；3. 浏览目录，掌握内容精要；4. 精读精彩文章；5. 摘录经典名句；6. 咨询名家，看其点评，用最短的时间、最快的速度、最轻松自如的姿态进入文本，感受名作的力量，体验人类思想深邃的永恒魅力。

“腹有诗书气自华”，读书为我注入了活力，让我挺直了脊梁。课堂上的旁征博引、左右逢源、信手拈来、游刃有余吸引了学生的注意力。他们喜欢上我的课，甚至喜欢模仿我的声音，我能感受到学生崇拜的目光。当学生发自内心地敬服、崇拜教师时，教师说的话也就有了分量。我把我的读书方法告诉他们，与他们共同阅读，共同成长。有了心与心的交融，教学质量的提高就有了希望。现在，在乐陵教师读书会的指导下，我们市中街道办事处小学也成立了自己的教师读书会，大家热情高涨，争相充电。

这一切，都得益于我爱读书。可以说，是读书促使我加入了乐陵教师读书会，是读书会改变了我的命运，是读书坚定了我的意志，是读书开阔了我的心胸，是读书成就了我对教书育人的追求。在阅读的陪伴下，我的生命得到了润泽，得到了成长。20 多年来，我在授课之外也经常读读、写写，才发现，教育其实有着不亚于文学的魅力。我很庆幸我是一名教师，一名乐陵市的语文老师，因为这使我能用一双文学的耳朵，随时倾听花开的声音，并把这世界上最美的声音用文字表达出来，我必不忘初心，不辱使命。

让我们一起走进书的海洋，在幸福的读书路上创造辉煌。

书香浸润生命

山东省乐陵市花园中心小学　郭晓莉

4 月 23 日“世界读书日”即将来临。去年春暖花开之时，初入教坛的我加入了乐陵教师读书会。这一年，我读了很多书，也成长了许多。

知之者不如好之者，好之者不如乐之者

教师渴求知识的内在需要，是教师成长、提升的根本动力和不竭源泉。毛泽东曾说过，饭可一日不吃，觉可一日不睡，书不可一日不读。乐此不疲地读书，于书中遨游，感受另一个世界，接受知识的沐浴，乐知书，才能激发出无限的创造性与活力。

种下一粒种子，收获一棵大树

一段荡气回肠的文字激荡在学生的心间，能够引起学生的共鸣，引发学生进行思考，让学生内心充满活力与希望。这正好印证了魏书生老师所倡导的，走进孩子们的心灵，在孩子们的心灵上种一粒适宜他们成长的种子；学会播撒爱的种子，让孩子们拥有一片属于自己的沃土。

于永正老师也说过：教学是科学，也是艺术。科学要遵循规律，艺术要讲究审美，让学生在形象感染、情感熏陶、精神愉悦中学习语言、发展语言，促使课文中的语言文字活起来，学生的思维活起来，课堂的气氛活起来。课上用艺术的方式，在学生心中播撒下爱读书的种子，这粒种子会生根、发芽，最终长成一棵参天大树。

旧书不厌百回读，熟读深思子自知

在一次次品读于永正老师的书时，他的那些朴素的话语让我如获至宝。多才多艺的于老啊！您就像一部厚厚的书，推动着我们这些青年教师不断前进。您在课堂上引导学生在玩中学得新知识，您引领学生找到正确的人生方向，您培养学生健全的人格，您让我懂得了如何真正发自内心地爱每一个孩子……您的教育智慧、教育情怀，改变了我，打动了我。一张小纸条、一块糖、一封信都能起到意想不到的教育效果，或激励，或鼓舞，或让犯错的学生发自内心地认识到自己的错误，并改正自己的错误。

最怕一生碌碌无为，还安慰自己平凡可贵

吴非老师在《不跪着教书》里写道："一本好书往往就是一粒善良的种子，一粒诚信的种子，一粒爱的种子，一粒正直的种子，这些种子适时地播撒在孩子的心田，就有了真善美品格的萌芽，滋养感知，潜移默化，人的心灵就变得充实、高贵、美丽，他就有可能始终站立着，像一个人一样地活着。"吴非老师还说过："现在的青年教师，读书条件远远胜过前辈，也许是因为诱惑太多，读书动力和效率反而不如前辈。"这让我清醒地认识到，曾经的我是多么的无知啊！竟然把"碌碌无为"理解成忙得不可开交；也让我知道了，唯有读书才能润泽我的生命，我一定要通过读书来充实自己，让读书改变我的教育方法，提高我的教育教学水平。

"一个人如果没有独立的思想，不管他读过多少书，不管他的地位有多高，也不管他在这个世界上活了多少年，他的智商实在不如这个 5 岁的孩子。"读到这句话时我惭愧到了极点，作为一个行走在教育道路上的教育者，没有自己的思想，即使有也不敢说，随波逐流，这是多么悲哀的事情啊！教师要做有思想的火把，去点亮学生的前程，这是我们义不容辞的责任。

我要多读书，同时也要学会思考，有自己独立的思想。我看到了吴非老师的悲悯之心，感受到了他的博爱之心，他是一位忧国忧民的智者。只有我们为师者不跪着教书，才能培养出学会思考的学生。教师眼中应该始终有学生和未来，应该培养学生的批判性思维，而不是教学生如何去做一名合格的奴隶。

腹有诗书气自华

我们为师者要多读书、多思考、多写作、多反思，这样才能使我们结合自身的实践、思考，培养出“青出于蓝而胜于蓝”的学生。要使学生获得生命的体验、成长的快乐、价值的熏陶，我们为师者必须提高自己的理论修养，将读书转化成我们的生命底蕴。

为此，我一直在努力地改变自己、改变课堂。交流、展示助我自信，读书助我成长，为了给我的学生一个不一样的明天，我必须读书，还要和我的学生一起读书、一起成长，享受成长的过程，体验人生的价值。

去年的今日，当我从吴健老师手里接过《爱心与教育：素质教育探索手记》这本赠书的时候，我就幡然明悟：腹有诗书，才是提升修养之道。我是多么幸福，又是多么幸运啊！我一定会继续行走在阅读之路上，让书香浸润生命，为学生的生命成长奠基，为自己开启幸福的生活。

书香引领我成长

山东省乐陵市阜平小学　孙长芬

学生时代的我是不愿意多读书的，只是把学校发的教科书学得差不多就行了。教师总在强调："书中自有千钟粟，书中自有黄金屋，书中自有颜如玉。"可我眼里满是教师布置的课堂作业及家庭作业，总觉得没有多余的时间读书。参加工作后，慢慢地，我发现自己的知识储备远远不能满足自己工作、生活的需要，这时才意识到人是需要不断学习、不断充电的。

真正爱上读书，是从工作以后聆听专家的几次报告开始的，尤其是2014年孙明霞老师来到我们学校，为教师们奉上了一场丰盛的精神大餐。初见孙老师，颇有一种惊为天人的感觉。她含蓄内敛，收放自如，大气沉稳，浑身散发着岁月积淀的恬静、自信和美丽，那种知性女人的魅力熠熠发光，让我不禁感叹，原来书籍可以让人变得如此美丽啊！此后，我便开始翻阅一些有关教育类的书籍。

2015年9月，我有幸加入乐陵教师读书会，结识了众多有识之士，开始了新的读书旅程。读书会成员大多是语文教师，个个文采横溢，出口成章，无形中让我更加感受到自己知识的浅薄，为自己的笨口拙舌感到惭愧。加入读书会，给我的思想再一次注入了前进的动力。

后来吴健老师给乐陵教师读书会的成员推荐了三本书，再一次激起了我阅读的热情，觉得自己确实应该潜下心来读书了。张贵勇所著的《读书成就名师：12位杰出教师的故事》向我敞开了一扇成长的大门，从书中我深刻地领悟到：教师的成长没有捷径，无非是苏霍姆林斯基一直提倡并践行的阅读、反思与实践。书中的12位名师都有着过人之处，尤其是在阅读方面，为我提供了非常有价值的信息。他们展现的不同的阅读风景，或粗犷或细腻，或壮观或绮丽，或起伏跌宕或静若止水，但都给我带来了震撼与启迪。这些名师精彩的教育故事背后暗藏着他们执着的教育信念，隐藏着他们对教师职业的热爱与奉献。有理想的教育研究者，他们的激情都在悄无声息的生命里流淌着，并随着对教育事业的热爱洒向了教育这片热土。读完这本书后，我的心灵开始了新的起航，也有了新的方向：要想成长为一名合格的教师，我必须坚持阅读与写作。

我觉得作为一名教师，必须为自己设置一个一生为之奋斗的目标，这样，才能让自己有方向、有动力，才能不断增强自我意识和使命感，才能不断进行自我挑战。

阅读了朱永新老师的《我的教育理想》，我明确了自己成长的方向，也进一步懂得，一个有理想的教师应该善于发现自己，做一个自信、自强、不断挑战自我的人。人来到这个世界上，就应该确立起自己的人生信念，努力实现自己的价值，在属于自己的舞台上尽情展现自己的魅力，扮演好自己的角色，努力达到人生的最高境界。作为一名教师，只要我们树立起心中真正的理想，确定自己前进的方向，并向着美好的明天迈出更加坚实的步伐，就一定会遇见最好的风景，人生就会绚丽多彩。

再回到我们的实际工作上来，对于我们大多数教师来说，常常会觉得没时间读书。每天从早忙到晚，忙于备课与批改作业。过去分数是学生的命根，现在这句话用在教师身上恐怕更加恰当，因为教师在家长心中的分量、在学校的地位以及在奖金、晋级、评聘等方面无一不与教学成绩挂钩。秉烛夜读，沉浸书海，那似乎已是很遥远的事情。整个社会弥漫着功利，而且整个教育评价机制中也从未评价过教师的读书状况，不读书似乎已是理所当然的事情！

即便在为数不多的读书人群中，大多数人也是三分钟热度，拿起书来快，放下书更快。即便读书，也是一种“快餐”式阅读。读书不读经典，热衷于流言绯闻；不读名著，热衷于时尚杂志。读书只是浮光掠影，缺少细细品味。

为什么教育界的大师们能在课堂上得心应手，让听课者如沐春风，觉得是一种享受，而我们有的教师上课前精心准备了教学环节，学生的听课积极性却不高呢？这是因为，课堂教学是一门科学，也是一门艺术，是需要技巧的。我认为最大的教学技巧就在于语言，语言和我们的知识储备相关，而读书能让我们的知识储备量增加，能让我们的教学底气越来越足，当然，课堂教学也就会越来越从容。

闲暇之时，一个人置身于一方有书的天地中，顺手打开一本书，沐浴在清丽的书香里，这应该是世间最美丽的一道风景了。人爱读书了，也便善于倾听了，因为书教会了我们谦逊和睿智；爱读书了，也便更善于思考了，因为书开阔了我们的眼界；爱读书了，也便更自信了，因为书丰富了我们的内心，让我们既不自大，也不自卑。读书让我领悟到：要想读好书，靠的是顽强的毅力、执着的热情和永恒的信念。古人有云："读书破万卷，下笔如有神。""冰冻三尺，非一日之寒，积土成山，非斯须之作。"孔子手不释卷，才有了"韦编三绝"的故事，中华民族才有这位大名鼎鼎的教育家和思想家。

阅读虽然改变不了人生的长度，但可以改变人生的宽度；阅读改变不了人生的起点，却可以改变人生的终点。只有我们乐于在书海中畅游，不断丰富知识、开阔视野，才能增长才气、激活灵气。这样在课堂上，教材内容鲜活的灵性和整体的美感才不会被我们肢解，以己昏昏使人昭昭的教学尴尬才能避免。苏霍姆林斯基认为，只有当教师的知识视野比学校教学大纲宽广得无可比拟的时候，教师才能成为教育过程的真正的能手、艺术家和诗人。我们的阅读关乎着孩子的未来，作为人类灵魂的引领者，我们更应将价值引领和人文塑造视为己任。要塑造他人的灵魂，首先应当使自己的灵魂博大宽广、魅力无限，只有这样，我们才能以厚实的文化底蕴为一代代学子提供心灵的港湾、进步的动力之源。

我要在浓浓的书香中，且歌且思，且吟且行，一直成长下去。

倾听读书路上生命拔节之声

山东省乐陵市教育局　李　超

难忘读书的思想引领之人

我们说，学习和成长应该是每一个人的生存方式，身体和灵魂总有一个应该在路上。走在学习、成长这条路上，我们应该常常对自己说：走着走着花就开了！然而你仔细琢磨思考后会发现，其实在花开艳丽的美好中会叠加着很多身影，这些身影就是我们读书成长路上遇到的那些贵人，或者称之为“引路人”。

《诗经》中说：“瞻彼淇奥，绿竹猗猗。有匪君子，如切如磋，如琢如磨。瑟兮僩兮，赫兮咺兮。有匪君子，终不可谖兮。”正是这些君子仁人，用他们对教育的深度思索、对生活的一腔赤诚不断激荡着我们的内心，拨开层层雾霭，让我们拥有了属于自己的美好遇见。

细数有书籍陪伴的似水流年，有太多的人必须铭记，是他们的无私给予才使得我们的思想日渐丰盈，对教育的认知渐趋完善。而在这些可亲可敬的长者、同仁之中，吴非老师无疑是对我影响最深的一位引领者。

我最先阅读的是吴非老师的《不跪着教书》，从中明晰了作为一名教育人、一个知识分子应有的风骨，由此对他敬重有加。此后，又深入阅读了吴非老师的《致青年教师》《前方是什么》《课堂上究竟发生了什么》，更是为他博爱、深邃的教育情怀所折服。吴非老师对语文教学“简单、朴实、本分”的定位与魏书生老师的“不折腾”何其相似，所谓“繁华落尽见真淳”，这正是老一辈教育者身体力行的教育真谛，或许也是我们新一代教育人最应该反思的地方。

2016年3月26日，在阜盛小学，吴非老师用饱含深情的语言娓娓讲述了他对语文教学的深刻理解和对当下母语教育的深深忧虑，再一次带给我心灵上的震撼，引起了我的情感共鸣。在此，和大家分享一下吴非老师报告中一个意味深长的故事：吴非老师班内有这样两个学生，一个语文考138分，另一个语文考68分。考68分的学生经常到吴非老师的办公室请教问题，考138分的学生从不去吴非老师的办公室。高考结束后的一天，吴非老师走出宿舍，突然遇到了考138分的学生，问："你来学校做什么啊？"学生回答："我有点事情要做，老师再见。"几年后，吴非老师接到这个学生的来信，信中说："虽然我的语文成绩很好，但我不善于表达，三年间，我从没有主动举手回答过问题，每次都是您点我的名字。其实高考后去学校遇到您那次，我本来是想和您道别的，但看到您之后，突然不知道怎么说了，所以编了个理由，转了个圈就跑掉了。"还有一天，吴非老师家的门铃响了，开门后发现是考68分的那个学生，吴非老师很惊讶。这个学生进门来就说："小子不才，有辱先生门风，今特来请罪。"逗得吴非老师捧腹大笑。聊天中得知，其实当时这个学生去办公室是去请教理科老师问题的，只是怕吴非老师伤心所以才装模作样地先问了吴非老师几个语文问题。这个故事是否能引起大家的思考呢？试问：吴非老师的这两个学生哪一个的人格更加健全呢？两个人走入社会，哪一个的生存质量会更高呢？吴非老师说："应试教育下，学生会成为有文化的奴才。"我想，这应该是对教育培养方向的深度思考。

听报告有感而发，我连续写了三篇博客，用稚拙的文字记录下自己的思考。后来，应《中华校园》张宗奎主编之邀，我把三篇博文压缩整理成题为《做眼中有"人"的教育》一文并刊印发表。我一直固执地坚守应该"简简单单教语文"，或许就是因为对吴非老师教育思想的认同。另外，我也一直为自己在读书路上"遇到"王栋生先生而深感荣幸，虽然他并不认识我。

难忘阅读中的岁月感怀之事

2008年至今，读书会已经走过了九个春秋。在读书会快意阅读的日子里，有许多的事情值得记忆，值得珍藏。

2015年12月，《创新教育》编辑部的李韫琬老师和山东大学附属中学的高平老师来读书会采访交流。时值读书会七周年，我们迎来了对读书会关注已久却初次见面的尊贵客人。记得当时李韫琬老师和高平老师抵达乐陵时，已是晚上快七点钟了，一路上，两位教师分别就读书会的阅读组织形式、阅读书目、人员构成、发展愿景等做了详细的了解。虽然初次见面，但聆听两位教师对阅读的理解及对读书会发展前景的肯定，感觉就像是熟识已久的朋友。简单的晚餐后，吴健老师和我又与这两位教师就读书会的相关话题进行了深入的交流。没有拘束，只有朋友间的知无不言；没有寒暄，只有朋友间的推心置腹。

第二天的集中交流活动，高平老师作了题为《遇见，从此不同》的主题报告，以其深厚的人文素养及对生命的独特感悟为我们呈现了一场有关语文课程、语文教学、语文教师、语文教育的饕餮盛宴。教师们热情高涨，纷纷发言，会场气氛非常热烈。看着我们自己整理出来的七本教育教学文集，回顾七年来读书路上的风雨兼程，大家都唏嘘不已。感慨之余，作为交流环节主持人的我，写下了这样的文字来表达当时的感受：语文教师要具备等待的能力，等待一颗颗种子破土而出，进而开花、结果。语文课堂应该是时时刻刻让生命在场，而生活亦是如此。曾子曰："十目所视，十手所指，其严乎！"所以，我们应潜心阅读、静心思考，用悲天悯人的情怀去诠释语文；折草为剑、拈花为刀，用浪漫优雅的语言去演绎语文。以文化人，让生活与生命相依，行走与灵魂同步。子曰："绵蛮黄鸟，止于丘隅。"我辈居高贵生命之格，若无生命之止，何其汗颜？呜呼，只有思考，唯有读书！今日遇见，从此不同！

活动结束后，我用文字记录了此次活动，更记下了那份如沐春风的岁月感怀。时光流转，读书仍在继续，那些在倾情阅读中发生的故事也在继续，而所有这些都将成为我最宝贵的记忆。

珍藏那些生活赋予的成长经历

魏书生老师与陶继新老师合著的《种好心田：魏书生与陶继新的幸福教育》一书中指出，生活会赋予每个人不同的经历，其中有成功，有失败，有欢笑，也有泪水，作为用心生活的人，需要学会的就是"悦纳"。我理解的悦纳应是一种积极的生活态度，或者说是一种积极的入世状态。因此，生活的种种都是历练，都是上天公正的给予。

还是先和大家分享一个小故事：一个少年，从小就有当作家的理想，决心要考中文系，成为一名职业作家。然而在他 13 岁那年，他的哥哥准备考师范学校，家庭的贫困无法供两个孩子同时读书，于是以卖树为生的父亲决定让他休学一年，等哥哥上了师范学校后他再继续读书。但没想到就是这一年的光阴让他赶上了历年来最残酷的高考。那一年，各大院校由于种种原因都大幅缩减了招生计划，他所就读的高中仅有不到 10 人被录取，他落榜了，巨大的打击霎时击垮了年轻的他。接连几个月的时间，他每天夜里都会从床上掉下来，惊叫连连。父亲非常担心，一天，父亲问他："你知道山上的水是怎么流到山外去的吗？"他茫然地摇摇头。父亲接着说："水第一次遇到山石一定会冲上去撞击，但撞击也过不去时，它就会依着地势从低洼处绕道而下。孩子，当你遇到山石过不去时，就不如从旁边寻找其他的出路。不管遇到什么，只要水不停止流淌，迟早会从山里流出来的。"父亲的话让他惊醒了，于是他放弃了原来的计划，到西安郊区的一个村里当了小学教师，后来又当了中学教师，几年后成了当地文化馆的馆长。在这期间，他始终坚持着成为一名作家的梦想，终于在 1982 年加入了陕西省作家协会。10 年后，以他近 40 年来的生活经验和见闻写成了闻名全国的小说《白鹿原》，这个人就是陈忠实。每当有人问起他是怎样面对当年的困难时，他总是微笑着说："只要像水一样流淌就行了。"

我想大家听了陈忠实的故事，肯定会产生不同的感想。2013 年，我从乡镇教研室来到教育局工作，由从事十几年的语文教研工作转为了从事教育综治管理工作，工作性质发生了根本改变，有很多的不适应。但在继续读书的过程中，我突然觉得自己在工作中接触到的大量教育教学管理问题案例，恰恰能激发我对教育教学的深度思考，我也由此更能了解教师真正需要什么，学生想要什么样的学习生活，家长对学校、对老师有哪些期待，这让我对一些书面理论有了新的认知和理解。比如，山东省章丘第四中学的王晶华老师所著的《携智慧和阳光漫步》一书中有这样一组调查数据：2007 年，学校对 1252 名学生进行教师言行和学生心目中的教师形象的调查，发现 25% 的学生认为学校生活不太有劲，5% 的学生认为很没劲；40% 的学生认为与科任教师相处无所谓开心不开心，12% 的学生认为不太开心和很不开心；虽然 82% 的教师愿意和学生成为朋友，但最想找班主任和教师说心里话的学生仅占 4%。这些数据是基于师生关系如何进行的调查而产生的。而我现在结合自己接触到的学生管理问题案例再去看，最先考虑的是这些数据背后所隐含的教育问题。

所以，这些鲜活的教育教学问题也就成了我撰写教育教学随笔的生动素材。比如，自己写的一些文章，像《没有灵魂的教育是如何产生的》《教育不能承受之轻》《老师，你又被怀疑了吗》《如此维权真的是为了孩子吗》《教育什么时候才能挺起脊梁》等，就是有感于一些家长之于学校或教师的不合理诉求而写成的，也陆续进行了发表。至今，我已经先后撰写了 400 多篇教育博客，积累了 40 多万字的读书、工作和生活心得，我想这和自己的经历是分不开的，所有这些都是生活赋予的，值得我去好好珍藏。

珍惜那些生命给予的温馨美好

黄庭坚曾言："士大夫三日不读书，则义理不交于胸中，对镜觉面目可憎，向人亦言语无味。"所以我很感谢读书会，也很庆幸自己现在仍是一个喜欢读书的人。有人这样定义教育，说教育就是一个有爱心的人用一双充满柔情的眼睛去不断发现生命成长中的美好。因此，我们都是被生命成长中的美好包围着的人，也就更应该珍惜那些生命给予的种种美好与温馨。

一个鼓励的眼神，一句善意的提醒，一次坦诚的交流，一场纯粹的辩论，一起共同追逐的不离不弃，一段风逐浪高的读书之旅，成长中的风景无限，生命中的希望满眼，所有的所有，这些都是我们应该珍惜的过往。

曾子曰："士不可以不弘毅，任重而道远。仁以为己任，不亦重乎？死而后已，不亦远乎？"我们不敢妄谈仁德，亦不能自诩弘毅，但我们应该努力在阅读中涵养自己的家国情怀，让自己成为一个爱生活、懂感恩、有回忆之人。

子曰："古者言之不出，耻躬之不逮也。"在此也以这句话和大家共勉，愿我们都能携一缕书香，健步前行在生命成长的路上，最终遇见属于自己的绚丽风景。

书香浸润生命，阅读伴我成长

山东省乐陵市郑店镇育英小学　孙明艳

夜已静，月正明，漫步室外，我享受到了时光的优雅。

日已出，花正开，漫步室外，我享受到了时光的从容。

记得顾城的一首诗中这样写道：草在结它的种子，风在摇它的叶子，我们站着，不说话就十分美好。

站着站着，不成想，却发现了这么多生活之美：树绿了，花开了，人们脸上洋溢的笑容越来越灿烂了，我也慢慢变化着……

我的变化源于读书。寻常日子里，徜徉于一本书，在别人的故事里感动着自己，让自己浮躁的心慢慢趋于平静。我读书的动力源于读书会。原来，我是一个很少读书的人，书翻几页就不乐意读了。工作后，有幸加入了读书会，到现在我仍记得刚加入读书会时和老会员们的格格不入，仍记得读第一本书时的浮躁和应付，仍记得准备读书会作业时的挣扎，仍记得自己当时的稚嫩和无知……时间就这样一天天过着，随着时间的推移，忽然我发现自己变了，心开始静下来了，也能坚持读很长时间的书了，然后我慢慢地喜欢上了读书，开始享受读书。

人生的脚步，总是来去匆匆，我们疲于奔命，忙于追逐，披星戴月，日夜兼程，忽略了旅途中美丽的风景，忽略了书中优美的文字。其实，人生的目标不是一味地赶往终点，生命的意义在于享受过程，而沐浴书香，正是一种最美的享受。

自从喜欢上了读书，我就很喜欢晚上的时光，远离白天的喧嚣，享受夜晚的静谧，走进书中，和作者的思想进行碰撞，任思绪到处乱飞，没人打扰，没人介入，这种境界是极好的。

其实，阅读也能让你悄悄地成为你自己。我们通过读书，学会了表达；我们通过读书，结识了古今中外的名人；我们通过读书，走进了自己的内心；我们通过读书，认识到了自己的不足……读书不但让我们成为自己，还让我们一点点地改变着自己，改变得比原来更自信，比原来更淡定从容。在书的瀚海里遨游，忽然发现，世界是自己的，与他人毫无关系。

我想，读书最大的用处也许就是让我们认清自己：曹植不读书就不可能七步成诗；王勃不读书，就写不出“落霞与孤鹜齐飞，秋水共长天一色”；岳武穆不读书，就没有气壮山河的《满江红·写怀》……

记得著名主持人杨澜曾经说过：你可以不成功，但不可以不成长。在读书会的这几年，我发现自己在慢慢地成长，我在慢慢地超越昨天的自己。可能很多人是因为喜欢文字而选择教语文，而我是因为教语文才慢慢地喜欢上了文字。因为参加了读书会，我的生活变得有了色彩，书籍给我带来了阳光，交流给我带来了雨露。很难想象，如果没有加入这个温馨的组织，我将会多么平庸。

读书会，让我沐浴书香；读书，让我思想明智。

最后，我想用一首小诗来表达我对读书会的敬意。

轻轻地
我遇见了你
是那么的偶然

慢慢地
在你的陪伴下
我有了前进的方向

曾有无数的选择
我都不曾离弃
因为
你是上天给我的最好礼物

第一次走进你的胸怀
着实震撼了我
你有内涵
你有力量
你能让人产生动力

在你的胸怀里成长
没有娇气
没有眼泪
有的是一份勇气

日子一年又一年
告别了太多
却从未想过离开你
因为
你是我心灵的家园

又是一年书香时

山东省乐陵市孔镇滕家小学　尤林燕

又是一年书香时，我们乐陵教师读书会的全体成员，在阜盛小学举办了一场以“沐浴书香，幸福成长”为主题的读书论坛活动。活动期间，高潮不断，掌声雷鸣，我的灵魂也一次次被冲击，被洗礼。

晨起自勉，鼓励自己

活动第一环节：全体起立，诵读《晨起自勉文》。教师们精神饱满，琅琅读书声在阜盛小学的会议室里响起。

一篇《晨起自勉文》让我懂得：无论我是否聪颖、智慧，也无论我是否愚笨、拙劣，我都会不抛弃、不放弃，努力向前，永不停步。“天雨虽宽，难润无根之草。佛门虽大，不度无缘之人。”任何机会都是从相信开始的。相信自己，只要努力，定会收获。

背诵经典，激情无限

活动第二环节：经典篇目的背诵。主持人李超，风度翩翩，才华横溢，好一位谦谦君子！

随着主持人的介绍，伴着掌声，我的同事刘华蹦跳着站到了众人面前，她真的很可爱，很招人喜欢。别看她年龄小，却饱读诗书，《礼记・大学》开篇，已熟记于心，让我着实对她刮目相看。

尽管如此，我也不甘落后，把《孔子家语・五仪解》也算顺利地背了下来。

郑圆圆，才女一枚，羡煞无数人，她的课讲得很漂亮，她的文章写得很精彩，她的背诵更是叫人拍手称赞。

崔晓楠，也是我的同事，上班才六年，已囊括乐陵市优秀教师、乐陵市师德标兵、德州市教学能手等诸多荣誉。她更厉害，不仅背了《礼记·大学》的开篇，还接着背了下去，她现在还是一位孕妇呢，却依然保持着不断学习的热情，怎能不让人钦佩呢？

卞立贞，在我心里，她像一位大姐姐。她是“明霞工作室”的优秀教师，无论在哪一方面都表现出色，令我由衷佩服。她的一首《礼记·礼运·大同篇》，歌声绕梁，大家都不自觉地跟着她的歌声打起了拍子，第一个活动高潮就这样伴随着卞老师的歌声到来。

抑制不住心中的激动，我提议“我们大家一起再唱一遍吧”，得到了大家的热烈响应，于是全体起立，共唱《礼记·礼运·大同篇》。每个人的情感被瞬间激发，个个精神焕发，歌声穿透了四月的天空，让蓝天白云一起见证我们的美好时刻。一曲完毕，雷鸣般的掌声为我们自己响起。就这样，经典的种子悄无声息地埋在了每一个人的心田，勤耕耘，必收获。

宋心峰校长也按捺不住激动的心情，大步走向展示台。他可是我教师生涯的第一位贵人，正是因为他，我才结识了读书会。《礼记·大学》开篇被他顺利背完，掌声再次响起。

后记：我们前四位展示的教师都获得了吴健老师颁发的奖品——陶继新老师的新书《行旅有道》，心里很是欢喜。

校长赠书，心灵馈赠

“结识”潘玉清校长（之所以用引号，是因为当时我还是一名学生，和当时还是主任的潘玉清校长并无一次真正的接触，只在毕业时一同照了毕业照），时光得回到我的高中时代。当时我在乐陵市第四中学上学，那时的潘玉清校长是乐陵市第四中学的主任，因为她不授课，所以没有直接进行交流的机会，可就那么远远地望去，她的美就已让我心醉，她身上所散发出的书香气息也永远留在了我的心里。这学期，接连几次有幸在阜盛小学的阶梯教室听报告，潘玉清校长依然风采依旧，美丽动人。

活动的第二个高潮——校长赠书，伴随着经久不息的掌声，吴健老师、潘玉清校长款款走向赠书台，开始为我们每一位会员赠书，感动之余，拿起手机将这一神圣的时刻记录了下来。

潘玉清校长，一位心地善良的书香校长，一位躬身实践的务实校长，千言万语尽在一句“谢谢您”！祝您和阜盛小学的明天更加辉煌！更加美好！

沐浴书香，幸福成长

短暂休息后，活动继续，“沐浴书香，幸福成长”论坛正式开始。随着李超老师的介绍，潘丽华老师上台为我们带来了又一个高潮。

首先，她向潘玉清校长赠送了礼物，还附赠小诗一首，表达了对潘玉清校长的感激与崇敬之情。然后，她娓娓道来因读书带来的生活智慧，让我们不禁对这位生活的有心人点赞。她手里还拿着一本厚厚的书——《心语》，里面记录了她的教育故事，谱写着她的心路历程。“我要把这本书留给我的孙子，然后对他说，孙子呀，你知道吗？在我们乐陵有一个教师读书会，读书会里有一群爱读书的老师……”潘丽华老师幽默的语言，逗得大家开怀大笑，她用实际行动诠释了对读书会的爱，对教育的爱，最终，赢得了大家热烈的掌声。

这时潘玉清校长站起来不无幽默地说：“刚才你说要送我礼物，我就想，哎，是不是你手里拿着的这本书呀？”听完，全场沸腾了起来，这时潘丽华老师也只好忍痛割爱了。其实我们每个人都知道，这是潘玉清校长对潘丽华老师的鼓励与欣赏。

接下来，我和崔晓楠、郑圆圆、孙长芬、崔本荟几位老师从不同角度谈了读书带给我们的变化。

只想说一句：你若盛开，蝴蝶自来；你若精彩，天自安排！老师们，让我们捧起一本心爱的书阅读吧，它将带着我们的心灵去遨游知识的世界！

课改实践，你我共享

要想提升教学质量，“题海”战术是不行的，课改势在必行。子曰：“知之者不如好之者，好之者不如乐之者。”只有激发学生的学习兴趣，发挥学生的主动意识，才能使学生从学会、会学转变为愿学、乐学。

阜盛小学的卞立贞老师谈起了她的课程整合之路，尽管她一直在谦虚地说：“我也不知道这算不算课程整合，我只是这样做了。”可我认为她真正做到了学生的心里。在她的课堂上，学成语不是简单地死记硬背，而是通过让学生查询和自己名字中的字有关的成语及成语故事，以及爸爸妈妈起这个名字的缘由来学习成语。学生一听和自己有关，自然兴奋得不得了。这样的作业还用得着我们一遍遍地催着做吗？对于课本基础知识的梳理，也不再只是教师的事，而是更多地引导学生自己对整个单元知识进行整合。学生做的思维导图，创意无限，经过自己的思考整理好的知识，掌握得更牢固了。卞立贞老师还带领学生亲近大自然，感受生活，注意从生活中寻找教学资源，这不就是孙明霞老师所说的生活处处是资源吗？卞立贞老师分享完后回到座位上，征得她的同意后，我便拿起她的学生的作品欣赏起来，一片片树叶在孩子们的手里变成了展翅的雄鹰、啾啾的小鸟、神奇的海底世界……孩子们的想象力、创造力被激发了出来，这些孩子真的是潜力无限啊！

接下来，赵军庆校长从领导的角度谈了课改的做法：统一思想，心动不如行动，再就是持续更新理念。从赵军庆校长的身上我已经感受到了丁坞中心小学的蓬勃发展。

张珊珊老师的小组教学已经做得炉火纯青，从最初的建立，到激励措施，再到评价方法，无一不体现出了张珊珊老师的用心。

听完三位老师的分享，深觉自己做得还远远不够，很惭愧，尽管自己已努力为之，却收效甚微，但我相信不抛弃、不放弃，坚持不懈地行动，尽管走得慢，但终归会到达终点，更何况我有读书会这个大家庭呢！

吴老总结，发人深省

吴老，暂且准许我这样称呼您吧！在我心里，对您的崇拜早已不是一天两天了，您就像一位长者，一直在关心、爱护着我们，激励、鞭策着我们。我们的成长饱含着您无私的付出和满腔的心血，再次向您说一声“谢谢”。当然我知道，这样的情谊又岂是一句谢谢能替代得了的呢？但此时此刻，我实在想不出更贴切的语言来表达我对您的感激之情。

“下面请吴健老师为我们做总结发言。”李超老师的话音刚落，掌声已响起，看得出来您今天很高兴，您微笑着站在我们面前，从九个方面做了总结发言。

听着您的发言，心里感觉暖暖的，您为我们提供了一个相互交流学习的平台，唤醒了我们自主发展的意识。您的字字句句、殷殷期盼，无不体现着您对我们的无限渴望，您渴望我们的成长，您渴望乐陵的教育再创辉煌，您渴望我们的学生绽放精彩，您渴望我们的小学教育能为学生的人生奠定基础。

您说：“让读书成为一种习惯。”您说：“一定要躬身实践。”您说：“成长是自己的事。”……是啊，您语重心长的话语让我更深刻地感受到您那博爱的胸怀、无私的付出。一粒读书成长、发展自己、关爱学生、奉献教育的种子再一次播撒在我的心田，我坚信，经过辛勤的耕作，必将换来硕果累累。

写下这些，突然间，我更深刻地感受到了读书会散发出来的正能量——读书、写作、实践、成长，它彻底改变了我的人生轨迹。再次向读书会的主办者吴健老师致敬，是您引领我走进了读书的世界，走向人生的更高峰；向每一位爱好学习、渴望成长的读书会的教师致敬，是你们的督促、帮助，让我认识到了自己的不足，促使我不断地反思、成长。

4 月 23 日，又是一年书香时，我学到了很多，懂得了很多，在这个清风起、百花烂漫的季节，我听到了自己心底的声音——努力读书，永不止步。

徜徉书海，幸福成长

山东省乐陵市阜欣小学　郑圆圆

看到这个标题时，心里感觉暖暖的，这里边更吸引我的似乎是“幸福”这个词。作为女人，我对“幸福”二字格外敏感。幸福可能是花前月下，幸福可能是青春永驻，幸福可能是与子偕老……对于幸福的理解，就如“一千个人眼中就有一千个哈姆雷特”一样，一千个人就有一千种幸福。年近30，父母身体健康，孩子活泼可爱，伴侣贴心可靠，工作顺风顺水，这是我最大的幸福。可是，我还想说的是，这只是我幸福的一部分，我的第二重幸福便是读书以及读书带来的成长。

曾经的我在工作中真的没有什么技巧，也不讲究什么方法，工作就是加班加点靠时间，甚至可以用“蛮干”一词来形容我的工作状态。当最初的工作热情被消耗殆尽的时候，工作变得毫无动力、激情可言，在处理起日常琐事时，我感到越发被动、吃力，导致在与学生交往的过程中也没有了乐趣，慢慢地成了学生不喜欢的教师。可是就在我在“悬崖”边徘徊的时候，乐陵教师读书会拉了我一把，挽救了我的教师生涯。在读书会中读《教师的20项修炼》，我知道了要想做一名合格的教师就要控制自己的情感，训练自己的微笑，修炼自己的宽容心和气度。读《追随苏霍姆林斯基》，我知道了要尊重每个孩子，每个孩子都是这个世界的天使，耐心等待，花儿总会开；在教学时，凡事不能操之过急，教育中要有人性、人情和人道。吴非老师也曾掷地有声地告诉我《前方是什么》，让我坚守住自己的“一亩三分地”，“教育，是要让学生像人一样地活着，要让他们像人一样地活得美好”。近期读的《推动自己，就是推动教育》，让我明白了爱是一所学校，所有人都是上帝的宠儿，教育不是干涉和控制，而是用爱、尊重和包容走近每一个孩子，因为每一个生命都是独特的，任何人都不可能也没有权利要求他们都一样。名家们的智慧就如春雨一样滋润着我即将干涸的心田。现在面对突发的教育状况时，我总能先从一个儿童的视角看待问题，教育家的经验和理论也会指引我做出理性的判断和决策，这些使我在平常的工作中变得从容，更重要的是，在学生面前，我的威信也得以树立，从书中获得的智慧成了我们师生沟通的桥梁和润滑剂。

在专业方面，曾经的我一毕业就凭借一腔热血和自己的认知选择了语文，成了一个上课累得满头大汗、讲得口干舌燥的语文教师。我认为我说得越多，学生们就会知道得越多，我讲得越细，学生们就会理解得更深刻。我没有意识到，这样的教学是喧宾夺主的。幸运的是我在读书会上遇到了一群志同道合的朋友，读到了一些好书，更幸运的是这些优秀的书籍给当时初出茅庐的我打开了一扇窗。《教语文，其实很简单：小学语文名师讲演录》告诉我教语文千万不要把课文分析得支离破碎，那是对文本、对学生的亵渎，教语文就一个字——“读”，读中出真知。于是，上课时我不再那么累，而是大胆地放手让学生读书，从此，我的课堂上书声琅琅。窦桂梅老师的《回到教育原点》也是我很喜欢的一本书，在这本书里，窦老师的教育思想呈现得淋漓尽致，“激情不老、读书一生、宁静致远、以写促思、慎独养身、伸展个性、爱在细节、海纳百川、合作共进、海星角色”是窦老师工作生活的十条箴言，激励着我向一位合格教师靠拢。最近正在读的管建刚老师的《我的作文教学主张》再一次验证了“兴趣是最好的老师”。从书中，我知道了应该如何激发学生的写作兴趣，也知道了另外一个全新的概念——“写作意志”，我明白了要突破教学上的“写作”这道难题，教师不但要保持住学生的写作兴趣，还要培养学生的写作意志。相信读完这本书后，我一定能收获更多。

也谈读书、教书

山东省乐陵市丁坞镇中心小学　田晓玲

作为女人，我喜欢漂亮，更喜欢美容。三毛说："读书多了，容颜自然改变。"不错，世间最好的美容方式就是读书。我很赞同这个观点，因为我知道再好的化妆品也留不住美丽的青春容颜，但经常读书却可以让自己保持一种年轻的心态。只要心是年轻的，岁月的痕迹就会在外表变淡，我想，这就是所谓的"腹有诗书气自华"吧！

其实，真正促使我发愤读书的是一件事。那是2010年的时候，当时我在乐陵市枣城小学（山东师范大学附属小学乐陵分校）任教。学校为营造浓厚的文化氛围，特意请书法老师在校园的墙上题写国学经典的内容，如《三字经》《弟子规》等。有一天，山东师范大学附属小学总部的苗禾鸣校长来学校参观指导，当看到墙上《弟子规》中的"冬则温，夏则清"一句时，不禁眉头一皱，迟疑了一会儿，指着"清"字说："我记得这句中的这个字是两点水吧，不是三点水，是不是写错了？"同行的很多教师都有点惊讶，当然也包括我。是两点水吗？准确地说，我们和学生一样只背过此句，却根本没注意过此字，别人说不知道也就算了，而我是语文教师啊，居然也不知道！当时我只觉得脸通红，恨不得马上逃离现场。回去后我专门查了字典和相关书籍，书中记载："凊"应是两点水＋青，读"qìng"，使凉爽的意思。这件事使我我下决心发愤读书，多读国学经典，免得日后再遭遇这样的尴尬事。

中华文化博大精深、源远流长，像"四书""五经"、周易老庄、唐诗宋词、红楼水浒……各类经典著作数不胜数。我该读什么呢？经过慎重选择，我首先研读了《论语》《礼记·大学》，虽然早就读过这两本著作，有些篇章甚至都背过，但总感觉不能深刻领悟其精髓，所以我要进一步研读这两本书。

后来就连在教育儿子时，我也会搬出《论语》中的话，如“不在其位，不谋其政”“温故而知新”“学而时习之，不亦说乎”“道不同，不相为谋”等。为此，儿子经常戏称我“老夫子”！

2013 年，经吴建忠校长的推荐，我加入了乐陵教师读书会。从此，更是与书结下了不解之缘。

我在读书会读了不少的书。拜读吴非老师的《不跪着教书》，我明白了“读书也要站直了读，跪着读，和不读书差别不大”的道理；拜读郭元祥教授撰写的《教师的 20 项修炼》一书，我知道了“细节决定品质，服饰影响人的品位”；拜读李振村、杨文华老师主编的《教语文，其实很简单：小学语文名师讲演录》，我明白了“教语文，究竟是否简单，从根本上讲取决于教师的素质，而不是其他任何外在的因素”。

随着在读书会的读书学习，我已经不满足在读书会上读一些教育教学方面的书籍，我读书的范围逐渐扩大，既读唐诗宋词、汉赋元曲，也读李白、苏轼，读歌德、莎士比亚，同时我也品李镇西、魏书生、苏霍姆林斯基……

对我而言，读书除了求知和消遣外，还有特殊的意义——学以致用。正如于永正老师所说：“我是抱着从书本中寻找智慧、思想和方法的态度去读书的。如果读书不与自己、与工作联系起来，学而不用，对我来说，读书就失去了大半的意义。”

读书让我认识了许多教育名家。有人说，教师成长最快的路径就是多与名家对话，在聆听了他们的成长经历，感受了他们的修养学识之后，你会发现自己的短板，找到前行的方向。

从书中看到各位名师那么快乐地教书，那么幸福地与学生交流，我很羡慕！所以，最近我一直在思考一个问题：鱼和熊掌是否可以兼得？既能让学生快乐学习，又能让他们取得优异成绩。大家都有这样的共识：在当今的教育形势下，不管你的教育理念如何先进，教学方法如何灵活，若你的学生考不出好成绩，很难让人认可你是个好教师。所以，在教学中，我尝试着改变自己，改变自己的课堂。我从学生的兴趣出发，学习王崧舟老师，用诗意的语言给学生讲故事，以让学生喜欢语文，对语文感兴趣；学习于永正老师，锻炼自己的口才，让自己变得幽默；学习管建刚老师，让自己在教学时充满激情；学习魏书生老师，用民主与科学的理念管理班级。我相信，凡事只要与学生商量，让学生成为班级的主人，与学生站在同一立场，想学生之所想，师生关系就能和谐，教育也就水到渠成了。最近几年，我一直在学习名师的这些教育教学方法，学生们的成绩也一直很好，这也是我很自豪的地方。

如今，读书已成了我生活的一部分。在我迷惑不解时，书给我指引；在我烦躁抑郁时，书给我安慰；在我满足停滞时，书给我警示。读书让我的生活色彩斑斓，读书让我的工作得心应手，读书也让我的容颜越来越美丽！

读书悟理

书籍是人类知识的载体。读书既是智慧之源，又是道德之基，是教育工作者提高素质的必经之路。重视和勤于读书，是教师专业成长的基本要求。事有所成，必是学有所成；学有所成，必是读有所得。读书是一个人获取知识、提高素质、增长本领的重要方式。读书越主动，读书时间越充分，读书方法越得当，所得的知识就越全面，视野就越开阔，工作就越有预见性，工作能力和工作水平就越高。一个不读书的人，是没有希望的人；一个不读书的民族，是没有希望的民族。读书学习不仅是一种个人行为，更是一种社会行为；不仅是个人生存和发展的需要，更是一种社会责任和历史责任。教师们，让我们积极投入到读书学习活动中去，读好书，好读书，让读书成为一种习惯吧！

实现“教”与“学”的和谐统一

——读《高效教学的道与术》有感

山东省乐陵市教育局　吴　健

作为教研员，近几年我们关注较多的是高效教学，所指导的课堂教学也一直在努力追求“高效”，全国范围内有关高效教学研究的策略与模式更是遍地开花。可是，如何才能真正实现课堂教学的“高效”，实现“教”和“学”的和谐统一，使学生积极主动地学习，是我们一直在反复思考和探索的问题。通过阅读陶继新老师的《高效教学的道与术：陶继新教育讲演录》这本书，我对“高效教学”有了全新的认识。

全面认识是高效教学的真正内涵

“高效教学”指的不是我们通常所认为的“高效率”，即单位时间内让学生接受更多的知识，而不关注学生是否乐于接受，能不能接受，是否有助于学生学习兴趣和良好习惯的养成。真正的高效教学之“道”，如陶继新老师所说，应该是面向学生的终身发展，对学生进行精神的激励、唤醒和鼓舞，如果只是研究教学的方法和技巧，而忽略了其内在的品质与规则，就会出现问题，甚至误入歧途。这些年，很多学校和教师急于求成，不考虑学生的实际情况，一厢情愿地增加学习内容，不切实际地提高学习进度，试图用时间和汗水来“拼”出一个好成绩，结果事与愿违，学生学得苦，教师教得累，最终不仅没有提高教学质量，反而引发了学生的厌学情绪甚至导致学生辍学。

制约高效教学的关键是教师的素质

在《高效教学的道与术：陶继新教育讲演录》这本书中，作者列举了很多名师名家，他们不仅有较高的学术造诣，而且是学生做人的楷模、教育战线的精神标兵。像我们敬仰的魏书生、钱梦龙、孙维刚、史建筑、韩兴娥等名师，包括我们身边的李升勇校长，都有很深的教育情怀。他们几十年如一日，坚持不懈地读书和学习，主动探索教育教学规律，把对教育的一腔挚爱播撒在学生的心田。没有这种对教育的挚爱，就不可能执着于对高效教学的实践。通过多年来的教师读书活动，我深深体会到：要想提升教师的业务素质，最关键的还是要从改变教师的思想入手，增强他们的内驱力，引导他们通过读书构建自己的“精神高地”。只有教师爱上教育，对学校、课堂和学生有了感情，才会不甘平庸，主动去寻求课堂教学的突破，真正为学生的生命成长负起责任。相反，如果教师总是被动工作、穷于应付，陷于职业倦怠之中，那所谓的“高效教学”也只是空中楼阁。

小组合作学习是高效教学的前提

书中为我们介绍的“学习金字塔”理论，证明了教师讲、学生听的“满堂灌”的教学是最低效的，最高效的学习方式是在合作学习中，让学生来“教别人”，即“兵教兵”。陶继新老师指出，虽然学生每天都在学习大量的知识，但是对知识的牢固掌握更多地来源于熟练而准确的输出。因为知识的输出是一个再度或深度思考的过程，在这一过程中，可以验证输入及输出内容的准确性，提高学生的思辨能力。由此看来，在课堂上给予学生充足的空间，为他们搭建交流合作、展示自我的平台何等重要！近几年来，市教育局以乐陵市实验小学为示范基地，通过选派教育干部和骨干教师挂职学习，以点带面，在全市积极推行“组织化合作”的学习方式是非常及时和必要的，只要坚持下来，并不断探索和完善，一定会收到理想的效果。

课程建设是高效教学的基本保障

陶继新老师告诫我们，教学改革的目标如果仅仅局限于实现课堂教学的高效，那还是低层次的，要真正达到高效教学的境界，还需要解决“大课程”“大教材”的问题。因此，我们要拓宽教材的内涵，不能再把教科书作为唯一的教学资源，应该根据《义务教育语文课程标准（2011年版）》（全书以下简称“语文课程标准”）的要求，构建“大教材”的课程体系。近几年，我们以乐陵市实验小学为龙头，在全市小学积极推行课程改革。目前，全市小学的语文教学已经构建起了教科书—经典诵读—推荐书目阅读“三位一体”的课程框架，基本达成了语文课程标准中规定的目标。

我们要向苏霍姆林斯基学习什么

山东省乐陵市梦之家学校　刘景水

经常想起苏霍姆林斯基的《给教师的建议》。他像一位老者，总是滔滔不绝、苦口婆心地告诉我们这些教育后辈要遵循科学规律，要关注孩子的身体健康。他学校里的孩子，一年四季有三季多的时间是光着脚丫的，因为经科学研究发现，孩子光着脚丫有助于身体保持健康。在孩子学习成绩不同这个问题上，苏霍姆林斯基告诉我们，这就像两个孩子，一个身材魁伟，一个面黄肌瘦，你能让他们提起同样重的水吗？一个能提三十斤，另一个也许十斤都提不起来。对于问题的理解也是如此，当一个孩子到九岁的时候，一般简单的数学题，他学起来就比较容易了，但对于年龄更小的孩子来说，还是很抽象的。

苏霍姆林斯基告诉我们一定要用心备课，一位优秀的教师是要用其一生来备课的。

苏霍姆林斯基说要培养孩子良好的品质和坚强的意志，主张孩子要多劳动。苏霍姆林斯基是一位校长，他的学校是没有围墙的，在希望的田野上，有庄稼，也有果树，他就经常带领他学校里的孩子们去种庄稼，去摘果子，让孩子们尽情享受劳动的快乐。

苏霍姆林斯基特别关注孩子的心灵，写过一本书——《把整个心灵献给孩子》。对后进生要充满爱，建立后进生成长档案。他的学校，每一个孩子都有一个完整的成长档案，孩子在校期间的档案会保存在学校里，就是他们已经毕业，离开这个学校了，苏霍姆林斯基对这些档案也不会随意处理，因为他要继续追踪孩子们的成长，一直到他们步入中年。

苏霍姆林斯基很重视读书，他提出，教师也是普通的人，要照顾家庭，要处理关系，要劳动，也要休息，可每天只有 24 小时，教师怎么才能在有限的时间里干这么多事情呢？他给我们指出了一条光明大道，那就是读书。他说每天都要拿出一些时间来读书，只有读书才能延长我们的生命。

苏霍姆林斯基很注重家长的教育作用，他指出，父母是孩子的第一任教师，教育的效果取决于学校教育和家庭教育的影响是否一致。他所办的家长学校活动了 15 年多，孩子受教育 11 年，但孩子家长必须提前一年接受学校教育。孩子家长教育不合格，孩子是不允许进学校的。

成功的快乐会产生一种巨大的力量，去激励孩子为之奋斗。例如，一次测验的成功，会激发孩子学习的热情；一次体育检测的优异成绩，可能会激发一个人对体育的热爱。苏霍姆林斯基说过，一位教师最大的成功，不在于你的学生的这个学科考了多少分，而在于你的学生因为你而爱上了这个学科。

苏霍姆林斯基还强调了赏识教育的重要性。他告诉我们，作为一名教师要常常刷新自己的赏识教育思想，赏识每一个孩子，关注每一个孩子，摒弃冷眼和偏见，用真心去浇灌，用爱心去培育。在浇灌、培育和呵护中观察并准确地捕捉每个孩子的闪光点，使他们的闪光点得以升华，让每个孩子都得到不同程度的体验，获得不同层面的成功，使他们感受到“我是最棒的”“我能行”，从而正确认识自己。因为成功能让孩子建立自信，并能激发孩子参与一切活动的积极性。

苏霍姆林斯基的谆谆教导，给我们的教育之路指明了前进的方向。

回归教育的本原

——聆听陶继新老师《高效教学的方略与品质》报告有感

山东省乐陵市实验中学　白书贞

现在这个时代，做什么事都讲求高效。工人做工要计件，农民种地要高产，火车跑路要提速，我们的教育也提出了“高效教学”的主张。于是，各种“高效教学”模式遍地开花，而我被“乱花”迷了眼睛：我们看到的这些就是高效的课堂吗？按这种模式上课就能做到“高效教学”吗？我对“高效教学”的感觉总是似懂非懂的，它似乎离自己很近，但又抓不住它。

那么，“高效教学”仅仅是一种外在的表象吗？有没有更深层次的内涵？在聆听了陶继新老师的报告后，我心里有了一些豁然，对“高效教学”有了更充分的理解。从根本上讲，真正的“高效教学”是回归教育本原的教学，这需要教育者研究学生的心理特点，遵循学习的规律，尊重学生的内在需求，它是一个循序渐进、厚积薄发的过程，既与课堂教学的变革有关，也与教师个人的专业素养、人格魅力相关。

理念的回归

首先，我对“高效教学”的解读是，教师应该有教学理念的改变，要回归到教育的原点，即让“教记”回归为“学记”，“教室”回归为“学堂”，“学生”成为教室的“主人”。其实，原来的教育就是这样的，我们只不过是还原它本来的面目罢了。这种教学理念的巨大转变，说起来容易，但没有一番勇气和决心，做起来是很难的。你看，魏书生、钱梦龙、孙维刚等名师的课堂改革，他们的共性都是回归教育教学的原点。有的取消了几十年的讲台，有的把学生请上讲台，有的让学生自主命题、自己阅卷，这对于我来说简直不敢想象。要相信学生具有无穷的潜力，给学生提供充分的学习空间，这样的课堂充满活力，学生的积极性被充分调动，学习兴趣浓厚了，还愁没有学习效果吗？

我们总是有这样的疑问：为什么我每天在讲台上讲得口干舌燥、声音嘶哑、精疲力竭，课堂教学效果却不好？为什么我的课学生能听懂，但一做题就不得要领？为什么我劳心劳力付出那么多，学生却没有学习兴趣？这时候再看“学，大于教”这几个字就耐人寻味了，这也是在提醒教师们要永远记住：学生是学习的主人，是课堂的主体，教师应该自觉走向幕后，把课堂还给学生。

其次，教师还要有一种“大课程”观、“大教材”观。所谓的“大”，是说教师要放宽眼界，有大胸襟、大气度，有厚德载物的大气量，把学生的学习放置在一个宽广的背景中，而非局限于课本中。在这里，我明白了教材并不仅仅是课本，教师要灵活地整合教学资源，创造性地使用教材。韩兴娥老师是我很敬佩的一位教师，她的语文教学很有大气魄，两周教完一本教材，然后引领学生进行“海量阅读”，她是语文“大课程”观、“大教材”观的典范。还有，乐陵市实验小学的家政课，河北衡水中学的八十华里远足课程、十八岁成人礼课程……让我们看到了语文的“有容乃大”。

此外，语文课程标准中提出，语文课程要倡导自主、合作、探究的学习方式。陶继新老师在报告中也强调了“合作学习”，他认为合作学习是时代的呼唤，会让学习充满生趣，让学生富有责任感，这也是实现“高效教学”的重要方法。对这一点我深有体会，我们这里的教师都认识到了合作学习的重要性，纷纷采用这种方法，充分利用小组的力量，激发学生的学习兴趣，培养学生的合作意识……经过长期的实践与探索，这种方法确实给了教师真正的帮助，也带给了学生非凡的益处。

心灵的回归

当我看到“超然的心灵”这个题目时很疑惑：难道“高效课堂”和教

师个人的心灵有什么关系吗？听陶继新老师娓娓道来，虽让我感到有些意外，眼睛却为之一亮。

其实想一想，现在的教师真的不容易，处处讲成绩，处处被量化，要想做到超然物外真的很难。超然是一种心灵的宁静与自由，但有的人终其一生都被功利所累，无法体会到超然境界的快乐与幸福，而这也是我们教师最难达到的境界。学生作业写得乱，我们生气；学生成绩不好，我们恼火；学生犯错误，我们耿耿于怀……因一点小事就乱了心境，徒增烦恼。所以，教师就更应该修炼自身，带着一颗淡然之心去看待一切，以便做到宁静致远、得失从容、宠辱不惊。

而有了这种超然的心境，我们才能带着愉悦走向课堂，微笑面对学生。快乐是可以传染的，学生心情愉悦，课堂当然是高效的。前几天发生的一件事让我记忆犹新。学生的作业本上有几道题是上节课刚纠正的，学生又做错了。我有些不愉快，一边讲题一边数落学生。在接下来的教学中，我明显感觉到教室里的空气好似凝固了，学生发言不再积极，小心翼翼的，没有了师生和谐轻松相处的愉悦感。我意识到，我严肃的神情和生气的表现影响到了学生的心情，这节课的学习效果可想而知了。一切要从容，心灵要快乐和自由，也许这才是教师应该传授给学生的最宝贵的“知识”。

除了超然的心灵，教师的人格也与“高效教学”有关。陶继新老师列举了几个鲜明的事例告诉我们这一点。确实，有崇高的职业道德的教师，他的课堂一定是高效的，因为他的人格魅力时时处处感染着学生，影响着学生。而人格低下、自私自利的教师，他的教学成绩也许是优秀的，但那只是一时的成功而已，那是通过榨干学生的学习兴趣得来的，这个学习过程肯定是不幸福的，而且，这个成绩也不会长久。由此可见，教师的人格多么重要，它直接决定着课堂教学的效果。

听完陶继新老师的报告后，忽然想起了冰心的那首诗：“成功的花，人们只惊慕她现时的明艳！然而当初她的芽儿，浸透了奋斗的泪泉，洒遍了牺牲的血雨。”也许，现行的“高效教学”模式就是那“成功的花”，而背后洒下的“泪泉”“血雨”只有敢为天下先的研究者、实践者才深有体会。“高效教学”不是一蹴而就的，没有“十年磨一剑”的恒心不成，没有“宝剑锋从磨砺出”的苦心不成，没有“十年树木，百年树人”的耐心不成，没有“不到长城非好汉”的决心不成，没有“己欲立而立人，己欲达而达人”的责任心和良心更不成。所以，亲爱的教师们，我们要恭恭敬敬地俯下身子，踏踏实实地去研究自己的课堂，甘于沉潜自己，勤于探索实践，这样，“高效课堂”也许会离我们越来越近了！

成功有时是“特立独行”的坚守

山东省乐陵市教育局　李　超

每个人都渴望成功，无论是事业上的，还是生活上的。由于职业的不同而导致经历有所差异，因此人们对成功的定义和认知也不尽相同，每个人追求成功的路径也因为个人性格、工作环境、生活环境的不同也大相径庭。由此，我们有时会感到成功之路“乱花渐欲迷人眼”，甚至陷入“人云亦云”“千人一面”的“就畏浮云遮望眼”的尴尬境地，而与成功失之交臂。

最近重读《在与众不同的教室里：8 位美国当代名师的精神档案》，静心解读莱福·艾斯奎斯、罗恩·克拉克的育人理念和教学思想，突然发现，他们的成功、他们在教育教学领域取得的令人仰止的成就似乎都得益于“教育实践的特立独行”和“对特立独行的无怨坚守”。

莱福·艾斯奎斯，美国英雄教师，从教 20 多年，一直在同一所学校的同一间教室教授同一年级的学生。他要求五年级的学生读文学经典原著，每月读一本自己喜欢的儿童文学经典，每个学生在一年的时间内要写一本书。他始终这样说：“我希望孩子们在学数学、文学的时候，在写作或讲话的时候，在打篮球或出游的时候，都要追求做得最好。这不是光鲜的表演，而是 56 号教室的一种生活方式。”他也始终和他的学生们一起这样去做。正是这样的不容于大教育环境的坚守，正是这样一种意在为学生一生奠基的教育追求的坚守，正是这样一种被世人认为“疯癫”的坚守，使得莱福·艾斯奎斯和他的每一届学生共同创造了 56 号教室的教育奇迹。他的学生们在 56 号教室里用一年的时间收获了 56 号教室的一种生活方式，也存储了其一生受用无穷的生存资源。莱福·艾斯奎斯的成功，缘于他在教育教学中“特立独行”的坚守！

罗恩·克拉克，美国另一位“国家教师”，一位有着独立思考精神和教育实践勇气的优秀教师。他的“55条班规”让班级管理变得如此轻松而又那么神奇。在他的班里，所有的孩子都温文尔雅、团结上进，不管以前是什么“模样”，这的确让人有点匪夷所思。罗恩·克拉克说：“我把教室变成了一个家，这样我们所有人都要对每一个人的成功负责，我们总是相互提携。”他认为，“更为关键的是，要让学生建立自信和自尊”，掌握能让他们受益终身的生活技能。他是这样说的，也是这样做的。他用坚守来捍卫自己实践“55条班规”的“特立独行”，他用坚守来证明自己“55条班规”的意义高远，最终，他成功了！

坚守，说起来很容易，做起来却很难，更何况是“特立独行”的坚守。这需要有一颗强有力的心脏，一份足以坦然面对各种流言蜚语的勇气。当然，我们要做到坚守，首先要有值得自己坚守的东西。这就需要我们脚踏实地，不断地学习、思考、践行，于平常中发现非凡，确定属于自己的“特立独行”，守得云开见月明！

成功，需要有见地的“特立独行”，更需要或许是痛彻心扉的坚守！

书香陪伴，滋润心田

山东省乐陵市挺进小学　李俊红

在暑假50多天的日子里，我阅读了窦桂梅老师的《回到教育的原点：窦桂梅教育教学管理精华》，魏书生和陶继新的《种好心田：魏书生与陶继新的幸福教育》。每天沐浴着书香，走近窦桂梅、魏书生和陶继新，聆听他们的教育理念，让自己的心灵受到洗礼，明白教育家也是这样从平凡中走来，从实践中摸索，从知识的海洋中探索，在得与失中成长的。他们不但教会了我如何来教好自己的学生，也教会了我如何让自己从教学中得到快乐，得到幸福。

魏书生老师用自己的生命磨难经历激励着我，感动着我

魏书生老师有过挨饿、挨批、挨斗的经历，但这些磨难并没有击倒他，当看到魏书生老师面对磨难也能自我安慰、自我激励时，我深受感动，他说，任何一件事有一失必有一得，有一利必有一弊，走出阴影肯定是阳光，手心反过来必然是手背，在“阴面”多付出一点力气，到“阳面”自然就得到多一点。魏书生老师即使在磨难中也这样乐观地对待一切的精神，这是值得我们学习的，同时也感动着我们所有人。

魏书生老师教我们如何来教语文

魏书生老师说，一定要通过语文教学培养学生听、说、读、写的能力，让学生多观察、多写作，而且要多训练学生的口头作文。让学生说自己喜欢的话题，学生才有话可说。寓德育于语文教学中，教学生怎样做人，让

他们树立正确的人生观和价值观，我想这是我们每一位语文教师义不容辞的责任。教师不仅在教书，更是在育人，育人比教书更重要。

魏书生老师教我们做一个快乐的教育者

魏书生老师教我们通过学会“松”“静”“匀”“乐”来种好自己的心田。无论我们脚下的路如何，我们都要快乐地走过，给自己留下美好的回忆。我们要记住魏书生老师的话：“守持善良、自找快乐、写作审美、享受讲课、不为物役、不争之争、松静匀乐。”做一个快乐的教育者吧！

窦桂梅老师教我们如何培养学生的读书兴趣

一直信奉“一个热爱阅读的孩子，他的成绩不一定是最优秀的，但他必定是最有发展前途的”。我也带着学生在阅读的路上不断前行，但是通过读窦桂梅老师的《回到教育的原点：窦桂梅教育教学管理精华》，忽然发现我的阅读竟是如此的浅薄，我带给学生的阅读启蒙，行走在师生共读路上的举措是那么的肤浅。窦桂梅老师教我们如何培养学生的读书兴趣，兴趣是孩子喜欢读书的源泉，也是我们语文教学技能的原点。

我们要牢记窦桂梅老师告诉我们的话：一名好的语文老师必须具备一手好字、一副好口才、一篇好文章；不读书无以教，不读书无以言；不管怎样，总要读书，不管怎样，总要善良，不管怎样，总要心向光明；善良是一个人的慧根，热爱是一缕头上的阳光，独立是一种坚强的性格……

打点幸福人生从读书开始

山东省乐陵市安居小学　宋国英

以前教学之余的许多时光都在闲谈说笑中被我不知不觉荒废了，近半年来，在朋友的督促下，才偶尔拾起被遗忘在角落里的书本翻几页，百无聊赖的心突然有了一点充实感，这时才发现自己远离书本已经太久了，心灵的原野上早已荒草丛生！

近期，我读了陶继新的《做一个幸福的教师：陶继新教育讲演录》，更加坚定了自己读书的信念，读书的目的也更加明确了。首先，读书是教师职业所需。教师肩负着特殊的历史使命，是人类灵魂的工程师，需要在精神与心灵层面涵养学生，通过对其潜能的开发，让其拥有丰盈的知识与智慧，从而实现生命的飞跃。而教师要想正确启蒙与引领学生，就要不断充盈自己，提高自己的涵养，以达到“庖丁解牛，游刃有余”的教学境界。其次，读书是个体实现生命价值所需。众所周知，未来的文盲不是不识字的人，而是不会终身学习的人。现代社会，知识更新日新月异，科技发展突飞猛进，一纸文凭已不能享用终生，现代人必须不断学习，才能牢牢掌控自己的命运。再次，读书亦是疏离浮躁、淡泊名利之所需。当今社会上浮躁之心盛行，功利之气蔓延，甚至悄然潜入我们的校园，使校园失去了本来的宁静。很多教师不能抵达心灵宁静的港湾，甚至与读书作了一场告别式的独语“演说”。“五色令人目盲，五音令人耳聋，五味令人口爽”，在各种各样的诱惑下，我们的心迷失了方向，远离了教育净土，不再甘于挑灯苦读的那份寂寞。而淡泊名利的李秀伟、心境平和的李兰铎、宠辱不惊的孙明霞、心若止水的杜维明等名师却用自己的实际行动实践着别样的精彩人生，诉说着一个永恒的真理：脚踏实地，潜心向学，学高为师，身正为范。人生没有彩排，每一年都是故事记录，每一月都是剧目演绎，每一周都是形象塑造，每一天都是现场直播。演绎精彩人生，唯有珍惜现在。

我们平时读书总是凭个人好恶而读，不知取舍也不会取舍，随意取来，顺意而读，结果收获甚微。现在我知道了要“取法乎上”地读书。所谓“上”，即为古今中外经典。什么是经典呢？就是经由时间的流逝，大浪淘沙，仍然定格在有文化品格者的心灵层面的、挥之不去的、能不断引领人的生命成长的精神产品。我们阅读文化精品，向大师汲取思想与智慧，甚至与大师进行心灵对话，久而久之，便会渐渐向大师靠近，自己的思想境界也会越来越高。有了经典文化的滋润，我们才会有精神和心灵层面的成长，才会有思想和智慧的高层飞跃。阅读经典，诵读结合，广博多览，智慧无限。

平时的我读点书还将就过得去，可是一触及写作，那可就如干瘪的芝麻——榨不出油了，绞尽脑汁想上半天也无从落笔。从陶继新老师的书中我找到了原因：平时自己读的书太少了，写作更是少之又少。但读与写是教师生命成长的“双翼”，是教师不可舍去的。没有经典文本的大量阅读，甚至是背诵，就不可能有文采斐然的佳作纷涌迭出。但同时，只读不写也不行，大量的写对读是一个促进，而且多写多练才能熟能生巧。至今于永正老师那句“大量读写，读写结合”的话仍清晰地萦绕在我的耳畔。我此刻也正从自己的这篇随想中小有所获——好好读，好好写，贵在坚持，在不断读书和写作的过程中享受生命充盈的快乐！读写结合，读思结合，让自己的思想更加灵动与深邃！

读书有三个境界：第一个境界是坚持，第二个境界是形成习惯，第三个境界是审美。读书不是一时的事情，也不单单是为了教学，还为了终身的幸福。如果不读书，就没有精神寄托，就不能给自己的精神定位、给自己的灵魂定位。如果没有精神定位、灵魂定位，自己的人生也会黯淡无光。所以，我们每一位教师都应当去诵读古今中外的经典！打点幸福人生从读书开始，请相信，它一定会给你我带来一生幸福的。

与大师对话，领略无限风光

山东省乐陵市朱集镇高厦言小学　张珊珊

从昔日胸怀梦想的学生到现在脚踏实地的教师，我不再为读名著而读名著。偶然的机会，我有幸拜读了苏霍姆林斯基的《给教师的建议》，读着此书，好像这位智者就站在我的面前，他循循善诱，为我排忧解难，给我指点迷津。他又好似一位平易近人而又学识渊博的老人，在我遇到种种困难时及时给予我帮助，给我以极大的鼓励，让我有了明确的方向。他就像一盏明灯，让我对自己的事业前景充满了信心。

通过读这本书，我对我所从事的工作有了更深刻的认识。

作为教师，要明白"想成为一个好人"是每个学生心灵的追求。在上课的时候，我们都会遇到学生调皮、做小动作等情况。怎样设法让每个学生在课堂上集中注意力进行学习活动是需要我们好好思考的问题。

小学教师首要完成的任务是教会学生学习。在小学低、中、高年级都有不同的目标，我们应努力做到，使学生在书写的同时能进行思考。作为学生，能边听讲边思考教师所讲述的内容，并能把自己的思想简明扼要地写出来，才是学会了获取知识的方法。

对于后进生，最有效的手段就是扩大他们的阅读范围，让他们在所读书籍里发现某些使他们感到惊奇和赞叹的东西，来发展其智力，促进其产生兴趣，进而取得更大的进步。

对于教学过程的各个细节，如复习、检查练习、培养思维和言语的素养等，如果能运用苏霍姆林斯基的建议将会有别样的收获。

要让学生热爱你的学科，对你上的课感兴趣，不只是追求那种表面的刺激，而应努力让学生自己去发现兴趣的源泉，让他们在发现的过程中体验到自己的劳动和成就。

教师要教会学生充分利用可以自由支配的时间，要让每个学生都有自己喜欢做的事，要让阅读成为学生的第一爱好。在每个人的大脑皮层里，有一些区域是管理阅读的，它们跟大脑的一些最活跃、最富有创造性的部分是密切相关的。因此，阅读能力的培养对学生能力的培养有着非常重要的作用，谁不善于阅读，他往往也不善于思维。

苏霍姆林斯基还详细地教我们如何去写教育日记。作为教师，应做好教育笔记，和学生一起成长，在成长中收获，在收获中反思。

“路曼曼其修远兮，吾将上下而求索。”在这个过程中，我要感谢苏霍姆林斯基，感谢他在遥远的时空为我们指明一条路，那条路就通向我们理想的殿堂！

站在巨人的肩膀上，仰望星空

山东省乐陵市孔镇滕家小学　尤林燕

寒假对于多数人来说是忙碌的，忙着辞旧迎新、走亲访友。我因为要照顾生病的孩子，所以取消了所有的外出活动。陪孩子做游戏，给他讲故事，隔段时间给他按摩一次……直到最后，陪他玩到无聊时，他仍旧有些不满足，我也终于体会到我的母亲曾经一个人照顾两个孩子的艰辛了。之所以说这些，是想告诉自己，忙里偷闲得来的时间弥足珍贵，不能浪费分毫。

韩兴娥老师，课内海量阅读的实践者、倡导者。一直以来，我都很敬仰她，却不敢大刀阔斧地对自己的课堂教学进行实践。一是自身底蕴及素养束缚着自己的手脚；二是源自各种考试的压力，让我不得不顾忌眼前的学生成绩（需要说明一点，像我们这些乡村学校，教师很少是跟班走的，如今年你教三年级，明年指不定要教哪一个年级了，而阅读提升的素养及品位绝不会在短时间内显现出立竿见影的效果）；三是没有足够的勇气去挑战自己，毕竟这是一项长期的工程，而非一朝一夕所能完成的。

《让孩子踏上阅读快车道》让我再一次领略了韩兴娥老师的“海量阅读”的风采，才发现，以前我对“海量阅读”一词存在误解。如同诸多家长和教师担忧的，一本课本的内容都理解不了，如何理解海量阅读的文本或著作？又何谈运用？读了《让孩子踏上阅读快车道》，我才明白：海量阅读不是一定要让孩子理解，而是不求甚解，重在吟诵，在孩子的心田种下一颗阅读的种子，时机到了，自会发芽、开花、结果。韩兴娥老师说：“逐字逐句解释的方法是以数理剖解之方式，刀斩人文之美文，是最煞风景的事情。”作为教师，这一点我们深有体会，有些问题很简单，学生自学或小组学习便可以解决，可是经过我们的认真讲解，学生反而越来越糊涂，最后看着满脸疑惑的学生，自己无计可施，还埋怨学生，这么简单怎么就不理解呢？韩兴娥这句富有哲理又充满戏剧性的话，恰恰反映了我们大多数教师的做法。

“海量阅读”特点一：课内

我们都知道，学生的语文素养是靠阅读来培养的。可仅靠课下随意的阅读，一是达不到数量，二是质量无法得到保障，这样的阅读何谈提升素养？而韩兴娥老师把课外阅读引进课堂就恰好弥补了这些缺陷。

“海量阅读”特点二：海量

低年级阅读量每学期近 20 万字，中、高年级每学期达到 100 万字，如此海量的阅读，韩兴娥老师是如何做到的呢？首先，韩兴娥老师缩短教材授课的时间，两周教完一本教材，这近乎神话，而她不但勇于实践且做得风生水起，为“海量阅读”提供了时间保障。然后，她拿各种版本的课文进行对比阅读，将各种国学经典、文学经典以及自编教材都融入课堂教学。学生阅读兴趣浓厚，语言表达能力获得了提升，文学素养更是得到了极大的提高。

“海量阅读”特点三：阅读

阅读量到了，语文教学的听、说、读、写问题便迎刃而解。韩兴娥老师教的二年级学生敢和六年级学生比赛读课文，她的学生出口成章，这都是“海量阅读”的功劳。

有了对“海量阅读”的全新认识，我也摩拳擦掌，决定在我的班级逐渐实践“海量阅读”。虽然韩兴娥老师很谦虚地说过“海量阅读”人人皆可为之，可实际上我们都明白，没有一定的文化底蕴，没有对学生的热爱，没有勇往直前、坚持不懈的勇气，没有克服重重困难的决心，这事做不来。尽管困难重重，但我相信，功夫不负有心人，我也开启了“海量阅读”的教学之路。

1. 摈弃传统的教学方法，缩短课本的教学时间

其实早在几年前，崔峦老师就提出向内容分析式的教学说再见；吴忠豪教授也提出要实现语文的美丽转身，课文就是个例子。我们是用课文教语文，而不是单纯地用课文教课文。其实我自己也一直在慢慢转身，真这样做了，反而觉得轻松了很多，不像以前，苦口婆心地讲一节课，说得口干舌燥，学生还不领情。这样，我们便有了时间去读一些课外的书籍，当然更多的是市教研室推荐阅读的书籍，一学期两本。曾经以为自己这样做就够了，成绩也不错，但为什么课堂教学已经在改变，学生的口语表达能力、习作能力依然堪忧呢？经过分析，我发现根源还在于我依然把考试看得太重，即便课堂上交流课外读物，也是因为考试要考，这样的阅读起的作用不大。韩兴娥老师的“海量阅读”给我指明了道路。尽管我暂时不能像她那样两周教完一本教材，但我计划用半个学期的时间完成课本的教学，剩下的时间和学生共同进行大量的阅读，本学期初步计划阅读《论语》《西游记》《白狼》和《中华上下五千年》。

2. 采取阅读、积累、交流的方式进行

每周拿出四节课时间，与学生共同阅读一本书，或者诵读《论语》，然后再拿出两节课的时间开展读书交流活动。从开学到现在，我们班已经举行了两次读书交流活动，效果还是不错的，就连以前不爱发言的学生也能大方地汇报自己的学习成果了。

3. 制订一定的奖励措施，激励学生阅读

每个学生的基础分是10分，根据汇报情况加分，因为班级学生学习状况不一，所以，交流内容通常由我来定，学生根据自身情况进行选择，如可以交流自己积累的字词，但必须读出字词所在的句子，这是最低要求；可以交流词语，但得理解词义，学会运用，这是二级要求；可以交流所读书目的主要内容，这是三级要求；可以交流对书中人物的评价或对事件的理解，这是四级要求；可以交流读后感，这是最难的，是五级要求。至于谁到台前交流，抽签决定，任何一个学生都可以向在台上交流的学生提问题，当然提的问题得和他交流的内容有关，答对了给台上交流的学生加分，答错了不扣分，然后由提问者自己回答，当然分就要加给提问者了。

以上只是我的一些不成熟的做法，还在不断的摸索、实践中。读书交

流这项活动我们已经坚持了两年，当然以前交流范围较小，主要是推荐的两本课外读物，现在有了韩兴娥老师的“海量阅读”的指导，我知道我可以大刀阔斧地干一场了。当然，我现在还无法和韩兴娥老师相比，但我依然相信，通过自己的实践、总结、反思、再实践，总有一天也可以仰望满天星空。

我的阅读教学三部曲

山东省乐陵市阜平小学　崔晓楠

2016年对于我来说，是充满机遇的一年，更是充满挑战的一年。由于工作的调动，我来到了一所新建小学，这对于多年执教毕业班的我来说，无疑是一个巨大的挑战。面对一群天真烂漫的小学生，有时真的是无所适从，焦头烂额。就在这时，韩兴娥老师的《让孩子踏上阅读快车道》这本书走进了我的生活和课堂。读后让我如沐春风，如饮甘霖。"学生爱上读书，教师才能享受职业幸福"这句话深深地烙印在了我的心田，种下了希望的种子。于是，课外阅读教学在我的课堂如枝头的嫩芽般悄然萌发了。

书中提到，韩兴娥老师用开学和期末各两周的时间就完成了教材的讲解，虽然我没有如此魄力，但我也努力将课外阅读加入了我的课堂。对低年级学生，注重的是阅读兴趣的培养，所以，一开始我并没有指定让学生读几本书，读什么样的书，而是通过讲故事的方式先让学生对读书产生兴趣。我利用阅读课、课间的时间，发挥自己朗读的优势，给学生讲故事。有时下课铃响了，学生还不愿意下课，催促着我把故事讲完。有时我又会故意将故事讲一半，剩下的部分让学生自己回家读。在好奇心的驱使下，他们在课下就迫不及待地读了起来。都说兴趣是最好的老师，只有将学生的读书兴趣真正激发起来，他们才会好读书、乐读书，而在低年级一味追求量的话只会扼杀他们的读书兴趣。

有了之前的铺垫，接下来的读书之旅顺利开启了。借着学校推广"课外阅读实验"的春风，我要求学生每周都要亲子共读三篇童话故事，不仅要会认、会读，还要会讲。每周一上午是我们的课外阅读展示课，学生可以把上一周收获的故事进行展示，可以详细地讲，也可以讲故事的梗概。

讲故事没有好坏之分，只要敢于上台讲出来，就会被评为本周的“故事大王”。于是，从一开始只有 5 个孩子上台讲故事，慢慢发展到了后来有 10 个，到了现在有 20 多个孩子会上台讲故事。而且由一开始只讲两三句话发展到了现在能讲一篇完整的故事。一个学期下来，每周的课外阅读课成了学生最期待的课堂。他们在快乐中读书，不仅收获了知识，更提高了自身的阅读能力。

新的学期，我对他们又提出了新的要求。本学期除了每周必读三篇童话之外，还要读整本的书，并开始记录阅读成长积累卡。每天的积累已经成了阅读必不可少的一个环节。在积累的过程中，学生收获的不仅是词语、句子，更是他们成长的财富。

就这样，我的一年级阅读教学就在韩兴娥老师“海量阅读”思想的引领下如火如荼地开展着，相信以后还会有更多的火花迸发出来照亮我的课堂。阅读只是语文教学的冰山一角，今后我会不断阅读优秀书籍，改进教学方法，给学生创造一个快乐的语文乐园。

书中寻得育儿良方

山东省乐陵市城西小学　于　娟

寒假来临，终于可以有更充足的时间来读一下自己喜欢的书了。起初，日子过得慵懒却也充实。可是，刚过两天，才发现不是那么回事。刚上小学一年级的儿子对于第一个长假，显得尤为活跃，犹如一匹脱缰的小马不受约束。为此，我头痛不已！

为了更好地引导孩子保持良好的行为规范，也怕自己对待孩子的方式不够恰当而伤害到孩子，我便在闲暇时间去新华书店淘金。刚开始，我快速浏览了一本关于提高孩子自控力的书。读完之后，我明白了对待孩子的问题时千万要冷静，并学到了如何控制自己情绪的一些方法，比如，对于孩子调皮捣蛋出现的问题，自己通过长呼气缓解情绪或者先离开，等冷静以后再来处理问题；再如，对于孩子出现的重大问题，孩子表现得执拗时，可以采取数数字的方式，等孩子逐渐冷静下来，然后再与他进行有效的沟通，沟通时，态度要平和，切忌发怒。之后，我便跟我家的“小淘气”开了个会，会议内容大约如下。

一是作为家庭的一员，自己能为家里做些什么？我先问他家里的其他成员（爸爸、妈妈、姥姥、姥爷）都为家里做了什么，内容他差不多都说出来了。我问他：“那你作为家庭的一员，能为家里做什么呢？”他说了很多，如扫地、叠被子、洗衣服，等等。我说：“很好，那你平时为家里做过什么呢？”孩子明显底气不足了，犹犹豫豫地说了一些自己曾经做过的事情。我再问他：“那以后你能多为家里做点事情吗？”孩子用力地点了点头。

二是作为未来的男子汉，学本领苦不苦？我问孩子这个问题，他一时没明白，我又举了一些例子说明，比如，他读书时遇到的生字太多、经常遇到不会做的数学题、练跆拳道时会很累，等等。他说是挺麻烦的。我告诉他，学本领就是很苦，没有谁不吃苦、不经过锻炼就能成长为真正的男子汉。他好像明白一点儿了，我趁热打铁告诉他："无论做什么都是先苦后甜的，等你学到本领后就可以做成很多事情。"孩子似乎明白了很多："除了这些，还要做很多事情吗？"我拍了拍孩子的肩膀，说："是啊，生活中当然不止这些了，还要学会和朋友们和睦相处，学会帮助别人……"

在新华书店我还淘到了特级教师杨卫平所著的《好老师教你做好父母》，如获至宝。杨卫平老师采取温和的方式，处理了学生的一件件棘手问题。孩子们都为成为杨卫平老师的学生而感到幸福，因为她能够真正站在学生的角度去思考问题。杨卫平老师从不打击学生，伤害他们的自尊心。哪怕是写作文出现抄袭的现象，她也是用恳切的态度与其交谈，帮助学生认识到自己的错误，并诚心改过。是啊，孩子犯错，如果只是气急败坏地将他批评一顿，对孩子能有什么帮助呢？当然，不同的学生应当不同对待，杨卫平老师尊重学生、爱学生，亦对学生有极大的宽容心，可这不代表她没有脾气。对于经过多次沟通依然我行我素、不懂感恩的学生，杨卫平老师也曾大发脾气将他"骂醒"，但她不会跟学生怄气，之后还会语重心长地与学生沟通。虽然学生哭得稀里哗啦的，但最后还是承认并改正了错误，我想这就是爱的力量吧！即使我们有时无力改变孩子，但至少不要伤害他。对待孩子，我们需要等待，给他理解、吸收的时间。《好老师教你做好父母》这本书对家长和教师同样适用。读的过程中，我的思绪纷飞，一会儿从班级飞到家里，一会儿又从家里飞到班级，受益无穷。

学生由于个体差异不同，学习学科知识的能力自然也不尽相同，教师要努力做到让他们各展其能。好教师不只是教学生知识，更要努力发现学生的优点并激发学生的学习兴趣。同理，好家长亦要懂得激发孩子、认可孩子。这就要求我们自己做一个善于发现与思考的人。为了学生，为了子女，更为了自己，努力让自己变得更优秀，做一个充满激情、活力四射的人吧！

洛克成就了我的快乐

山东省乐陵市胡家街道办中心小学　许　霞

《教育漫话》由17世纪英国著名哲学家和思想家洛克所著，集中反映了欧洲文艺复兴时期新兴资产阶级的教育观。本书以“绅士教育”为主题，分为体育、德育、智育三个部分。

作为妻子的快乐

我以前不爱读《教育漫话》这样的书，文字多，图画少，可这次也许是因为吴健老师布置的“苛刻作业”，不得已拿起了这本书，但是读过之后，却发现获益良多。其实，我在大学时曾听心理学教师说起过这本书，一直以为这是一本由一幅幅漫画与文字组成的书，现在才知道，原来这是一本由洛克写给其友人克拉克的几封书信整理而成的教育类图书。无意间和我爱人谈起，《教育漫话》不仅是一本书，更是一本很好的理论与实践相结合的案例集，尤其是在德育方面，洛克对德行和教养提出了很多方法或意见，一听是这样一本书，我爱人两眼放光：“这本书归我啦！”

我爱人以前爱吃肉，不爱吃水果，并且爱熬夜，尽管我已说教了多少年了，却总是改变不了他。这次因为阅读了洛克的这本书，他竟然慢慢地发生了变化，最近经常说要少吃肉、多吃菜，晚上也没有让我再督促他睡觉。因为分享洛克的思想，让我们有了思想共鸣。从那刻起，他爱上了这本书，喜欢上了学习，思想也改变了好多，从以前的随遇而安变得有所追求，从懒散变得勤快。我相信是书中的思想在悄然地改变着他，我庆幸我的无意之举，也感恩洛克的聪慧。

作为母亲的快乐

我有一对双胞胎孩子，因为两个孩子的思想不一样，性格不一样，所以在教育孩子的问题上，我有点无从下手，不知如何去处理，特别是结束了一天繁琐的工作，深感身心疲惫时，我更是有点力不从心。但是当我读完《教育漫话》后，我了解到，除了要给孩子健康的体魄外，更应该培养孩子吃苦耐劳的精神，也就是要注重精神教育。我们在教育孩子这方面总是对一个问题没有给予及时而充分的注意，那就是没有使孩子的精神在最纤弱、最容易支配的时候，使其习惯于遵守约束和服从理智。为人父母者无不爱护自己的子女，但这种自然的爱一旦离开理智的、严密的监视，就容易流于溺爱。父母爱护自己的子女固然是其职责，但是他们常常连子女的过失都会呵护有加。做父母的总是以为他们年龄还太小是不会做出出格的事情来的，所以总觉得可以放纵孩子的过失而无危险。

我的婆婆从孩子出生起就和我们住在一起，在教育孩子的问题上，我们一直没有达成共识。两个孩子也被惯得不像样，任性、耍赖，吃饭穿衣还得我们帮忙……自从读了这本书之后，关于对孩子过度溺爱的问题，我采取了措施。首先，我得说服婆婆，就像拉家常一样，和她讲书中的一些关于溺爱的有关资料。慢慢地，婆婆改变了想法，而我也挥起“大刀”开始了我的“砍伐之行”：要求孩子讲礼貌、自己穿衣吃饭、做家务、帮长辈拿东西、确定去超市购物的原则等。三个月下来，孩子由最初不爱打招呼变得有礼貌，由最初的事不关己变得热爱劳动了。有一次，我着急外出，我再三叮嘱婆婆，一定要当个局外人！回来后，婆婆笑着和我说：“小家伙们最近变化挺大啊，懂事了，长大了，学会自己穿衣吃饭了，你屋里的被子还是他们俩叠的呢！”虽然被子叠得不整齐，我却欣慰极了！

是这本书教给了我很多育人的道理，是这本书让我成了一位合格的母亲，是这本书让我找到了做一个母亲的快乐。

作为教师的快乐

在《教育漫话》一书中，洛克认为绅士需要的是实业家的知识，不应局限于学习拉丁文和希腊文。他主张在读、写、算之外，还要学习天文、地理、历史、法律、几何、簿记、法语等，也要学点工业、农业、园艺的知识和技艺，以利于管理企业，并从这些有益的体力活动中得到消遣，从而使生活变得更加丰富。

在教学方法上，洛克反对学生对知识进行死记硬背，重视培养学生的智力发展，鼓励学生多做实地观察，培养学生的学习兴趣。就此结合自己的工作以及生活，谈谈如何引导学生采用正当的方法去求知、去改进自己。

1. 从讲故事开始

刚接手五年级的时候，我就有一种想法：和学生一起成长，一起阅读。明明看似简单的事，做起来却很难。筹划了一个假期之后，开学伊始，我就从学生最感兴趣的地方入手，那就是童话、寓言、神话。每次课堂任务提前完成时，我就说："看你们今天这么努力，老师今天就给大家讲个故事。"学生一下子就变得兴奋起来。像往常一样，当我讲到故事最精彩的地方时，正好也到了下课时间。我说："下课吧，今天就讲到这里。"学生一脸的失望："老师，您讲完它吧，到底结局怎么样了？""你们想知道？"学生特别期待。"那好，我这里有答案！"我把书拿出来，学生都抢着要看。我没有说话，巡视教室一周，把书给了我们班里一直坐在原位，始终保持最正确的举手姿势的学生，课下大家都围着他，问东问西的。为了鼓励学生进行阅读，我把图书室的钥匙拿来，让几位学生去把相关的故事书借来，让他们利用周末时间看书。

2. 从学生最感兴趣的书籍入手

儿童的天性就是好奇，喜欢探险。于是我给他们讲《汤姆·索亚历险记》的故事，我借用六年级书中的故事并进行了微调，一节课下来，他们听得如痴如醉。课下，在他们的再三追问下，我到图书室给他们借来了《汤姆·索亚历险记》。在他们读完后，仍意犹未尽时，我又推荐了《鲁滨孙漂流记》，并让他们写阅读笔记，画手抄报，并在阅读课上进行分享。孩子们因兴趣喜欢上了阅读，我也因孩子们的快乐而高兴不已。

洛克用最朴实的语言，向我们讲述了最真情、最朴素的教育真理。也是这些真理，让我体验到了作为妻子、作为母亲、作为教师的快乐。教师们，让我们从阅读开始，努力培养符合时代需要的有理性、有德行、有才干的绅士或者有开拓精神的实业家。如果想让自己变得轻松又快乐，那么就从洛克的《教育漫话》中开始寻找吧！

关注教育之“道”

山东省乐陵市挺进小学　李会山

阅读陶继新老师的《高效教学的道与术：陶继新教育讲演录》，时常生发出一种常读常新的感受。有时是因为联想到了一些见闻而有所思，有时是因为“灵光”乍现而有所获，有时则是因为感同身受而有所忆。

陶继新老师出版的书中，有些书是通过面对面访谈整理而成的，其间不乏精彩、经典的教育教学论述，他多次指出，成功是没有捷径可走的，他也不大相信有快速成功的方法。真正意义上的高效教学，不应当只是用某种方法与技巧，让学生考出较好的成绩，还要考虑当下的教学是否为学生的终身发展积淀了一定的“功夫”。课堂只是教学的一个载体，如何借助这一载体让学生形成优秀的人格，养成终身学习的品质，才是更值得教师关注的。

然而，现实的状况是，似乎所有人关注的高效只是教学方法和手段的高效，学生掌握知识的高效，至于学生有没有健全的人格，有无正确的人生观、价值观却少有人问津，所有人的眼睛盯紧的只有分数。正如陶继新老师所讲的，仅有“术”，而“道”之不存。或许就是因为对教学或者说是育人之“道”的长期漠视，所以，我们在现实生活中才不得不面对一些“辣眼睛”“辣耳朵”的事情。

案例：曾经有两位老人家带着自己的孙子来到办公室，怒气冲冲地投诉说孩子在学校受了委屈，还说孩子的成绩一直很好，不应该受到如此的对待，一定要让学校给赔礼道歉才罢。学校忙安抚好两位老人的情绪，经仔细询问得知，这孩子在上课间操的时候，因为一个动作不规范被班主任批评了几句。当时听了老人家的“控诉”，觉得有些不可思议，班主任怎么会因为学生一个不规范的动作就批评他呢？后来，经过多方调查，结果真相让人唏嘘不已。原来这个孩子以前就因为在学校餐厅打饭没有享受到优先待遇，与食堂的师傅起过冲突，这次又因为班主任对其不认真做课间操的一句询问而对班主任举起了拳头。

对于学生来说，所谓的尊师重道好像只不过是课本上的几个字眼而已。我们究竟培养了什么样的学生啊？自以为是、不懂感恩、自私自利……试想，这样的学生将来走向社会，即使可能会拥有很高的学识，可是又能对社会产生多少积极的、有益的影响呢？

由此，我们不得不反思现行的教育制度以及我们的努力方向。某些人人格的不健全、价值观的扭曲、认识问题的偏激，已经造成了教育生态的恶化，也使得我们的教育教学工作举步维艰。

真的希望越来越多的教育人能清醒地认识到教育的真谛，教育培养的是人格健全、具有家国情怀的“人”，而不是空有学识却品行堪忧的人！这的确应该引起每一位有良知的教育人的深度思考。只有真正认识到问题的所在，才能进行有针对性的反思，进而引发行为上的改变。

择优选择让课堂教学确实高效

——读《故事里有你的梦想：18位名师的精神档案》随感

山东省乐陵市寨头堡乡中心小学　鞠红英

在新课程改革进行得如火如荼的今天，课程多元化的繁花似锦，让我迷惑于事物的表象而失去了对事物本质的鉴别能力。我通过阅读《故事里有你的梦想：18 位名师的精神档案》走近一位位教育前辈，聆听他们对教育、对语文深刻而多元解读的声音，我才清醒地认识到，身为一名语文教师，更需要的是厚重的功力与定力。

新课程理念为课堂带来了新的教学模式和新的评价标准时，热热闹闹的问题讨论、五花八门的小组合作等新的教学模式也让我眼花缭乱。每次听课，都带给我心灵的碰撞，我常常思考：语文课走到今天到底应该怎样去教？教什么？形式大于内容的课堂到底能走多远？离我们期待的高效语文课堂还有多远？通过读钱梦龙老师的“三主四式”语文导读法，我茅塞顿开，眼前一亮。钱梦龙老师一针见血地指出现代语文教学有两大倾向：一种常见于日常教学，其特点是死抠文本，肢解课文，进行琐碎刻板的字、词、句操练，不重兴趣的激发，不重学法的梳理；另一种多见于展示课，其特点是架空文本，架空语言，凭空进行所谓的“人文精神”教育。不能让学生实实在在地接触文本，实实在在地触摸语言，实实在在地听、说、读、写，摸爬滚打，语文教学失去了语文的味道。再就是钱梦龙老师提到的语文导读法，我认为对于语文教师的课堂指导极有价值，他的“三主”教学指导思想，一是学生为主体——就是确认学生在教学过程中是认识的主体、发展的主体，把求知的主动权交给学生，让学生在教师的指导下阅读，从根本上改变教学中单纯灌输知识的教学方法；二是教师为主导——引导、指导、辅导、因势利导，就是根据学生的认知规律、思维流程、学习心理，正确、巧妙地引导学生由未知到达已知的彼岸；三是训练为主线——学生的知识在训练中获得，能力在训练中培养，智力在训练中发展，其基本形式是以语言训练和思维训练为核心的听、说、读、写训练，而不是单一地、机械地做练习题。

总之，站在这些教育巨人的肩膀上瞭望，我看到了“语文”最终的归宿，坐在教育大家身旁聆听时代对课改的呼唤，我怎能不动容？无法压抑内心深处对语文课改的涌动，必须动身，和读书会的会友们一起登上语文课改的旗舰，扬帆远航！

让语文课堂变得轻松愉悦

——读《教语文，其实很简单：小学语文名师讲演录》有感

山东省乐陵市城西小学　李　明

吴健老师给读书会成员推荐阅读李振村、杨文华老师主编的《教语文，其实很简单：小学语文名师讲演录》一书，刚读完李振村老师的自序，就被里面生动的小故事吸引了。越往下看，越觉得有意思，也越觉得教语文其实挺简单的，但把简单的事情持续做好却很不简单。

由此，我想到了我们学校的语文课程改革。一路走来，作为课改组的成员之一，我经历了各种各样的打磨，一种课型多次尝试又多次被推翻重来；构建了模式之后又发现了新的问题，然后再重新设计。在一遍又一遍的课堂教学中，我发现自己竟然喜欢上了现在的语文课堂，感觉现在这样的课堂能真正让学生体验到成长的快乐。

寓教于听，让学生享受课堂

现行教材中的好多课文，内容非常好懂，学生通过自学、讨论、交流、反馈后在极短的时间内便能完成教学任务。在这种情况下，学生极易走神、分心，不能专注于课堂学习。发现这一现象后，我采用拓展教材法，通过搜集资料，找与教材内容类似或相关的一些名家的作品来充实课堂。比如，讲授《荔枝》一课时，我准备了与其主题相关的反映母爱的文章。学生学完《荔枝》后，我对学生说：“还想听听其他感人的母爱故事吗？老师读给你们听，好吗？”学生立刻来了兴趣，纷纷坐好，认真地倾听我读文章。我发现，学生很喜欢听教师读文章，听得很专注，也很入迷。有时，学生

能随着教师声音、情感的变化而进入不同的状态，读后的反馈效果极佳。如今，教师读美文，学生倾听，已成了我班学生爱吃的“大餐”，学生在倾听中享受着课堂带给他们的别样生活。

寓教于读，让学生驾驭课堂

听的时间久了，学生也逐渐掌握了一些阅读的技巧，于是我开始在课堂中穿插让学生试着自己读。读什么呢？一开始，我领着学生反复读学过的课文，以培养学生读中悟的能力，揣摩读的方法、技巧。逐渐地，我开始有意识地穿插让学生读《小故事　大道理》中的好文章，通过开火车读、小组读、男女生比赛读、打擂读等多种方法，培养学生读的兴趣，让课堂成为读书的课堂。刚开始时，我利用课堂中多余的时间让学生读，如今，我每周都会拿出两节课的时间，让学生用多种方法练读，还课堂以琅琅书声，让学生体验读书的乐趣。

寓教于背，让学生流连课堂

在教学中，我发现现在的学生积累欲望较差，没有养成主动积累的习惯。因而，学生写起文章来很费劲，语言干巴无力，一些好的诗词歌赋根本运用不到学生的习作中。鉴于此，我每周专门拿出一节课时间，让学生展示他们课余积累的名言、警句、唐诗、宋词、美文等，用打擂的方法，先确立擂主，而后由其他人员打擂，胜者上明星榜。这一举措极大地调动了学生背诵的积极性，他们在业余时间都会积极地背古诗、背名言……都迫不及待地要在考级课中展示自己的背诵才能。课堂已成为他们才艺展示的竞技场，让他们流连忘返。

寓教于写，让学生激活课堂

教学中只重视读而忽视写是万万不行的，犹如人走路，总让你一条腿去蹦，你会感到很累且乏味，两条腿一起走，才能快速向前。认识到这一点，我便有意识地在课堂中渗透写，写的姿态、写的速度、写的质量、写的内容……都被列入比赛的范畴。一开始是让学生默写积累的成语，接着默写名言、警句，后来默写美文片段、古诗，有时还让学生写一篇文章的读后记，学生逐渐尝到了写的乐趣，课堂上不仅仅有读的雅姿，更有了写的俏影，那情境让人心醉。

教语文真的是一件幸福的事情，我会继续努力，力争让我的语文课堂变得轻松愉悦，让学生享受学习语文的快乐。

生命成长

时光静好如流，韶华蹁跹易逝，成长似乎是每一个人都无法绕行的生命历程。人们用五彩斑斓的生命之笔为成长不断写下蓬勃多姿的注脚。血与火淬炼的岁月，坚强唱响生命赞歌；贫与弱并行的年轮，隐忍谱写成长旋律；光与梦激扬的时代，执着回荡发展强音。那些鲜活的面孔，那些曾经的动容，那些值得铭刻的生命记忆，蓦然回首时，都是成长的幸福密码。而有一群形塑灵魂的默默耕耘者，又会在瞬息万变的时空交错中镌刻下怎样的生命成长轨迹呢？也许从下面或唯美，或深邃，或质朴的文字中，能读出他们的爱心、恒心、真心，能洞悉他们所追求的、向往的、践行的……

每个人心中都有一亩田

山东省乐陵市教育局　李　超

自古以来，田地是老百姓的生存之基、衣食父母，人们对田地都有着浓浓的眷恋情愫。随着社会经济的不断发展，当温饱及更高的物质需求得到满足之后，精神方面的追求也随之变得更加凸显出来。因此，心灵田地的耕耘也就成为衡量一个人生活品位高低的主要标准。

仔细琢磨，你会发现，即使是在以往物质匮乏的年代，仍然有很多人在艰苦的生活环境中活得有滋有味、身心愉悦。究其原因，恰恰是因为他们心态平和、精神世界富足，对万事万物泰然处之，不以物喜、不以己悲，常怀一颗感恩之心，真心待人，认真做事，每天都能保持好心情，幸福指数也就随之提高。如今人们不用再为填不饱肚子而发愁了，但各种生活、工作中的不如意却找上门来，于是攀比之心、嫉妒之心、功利之心肆虐着心灵田野，人们变得焦虑、烦躁、牢骚满腹，整天郁郁寡欢。岂不知，这样恰恰是拿别人的生活状态来打击自己，用别人的错误来惩罚自己，确实很不值得。

陶继新老师曾说过，嫉妒与仇恨会让人缩减成“小人”，而欣赏他人的幸福与快乐，就是分享世上的财富。当我们欣赏落日的霞光时，我们的身心也就充满了落日之美，而落日自身依然美妙；当你为他人的快乐而自生怨恨时，你自己原有的一点快乐也会失去。罗素认为，人要学会守持精神纪律，那就是不嫉妒有德、有才、有名、有财之人，而应欣赏之，学习之；受到嫉妒的时候，坦然相待，一笑了之，继续前行。在任何境况下，人都应当保持一种宠辱不惊的心态。魏书生老师提出要“种好心田”，所有的经历都是积累，人生就是要不断积累，特别是心灵营养的积淀，他认为，人间的事儿分成两类，一类是自己说了不算的，一类是自己说了算的。对自己说了不算的事儿，必须学会看得开，想得透，出得来，放得下，不跟它较劲，不然，就会白白浪费生存成本，这样才能静下心来；对自己说了算的事儿，必须拿得起，进得去，想得深，干得实。魏书生老师为人处世所遵循的“松静匀乐”，更是把个人心灵的修养推向了一个较高的境界，也为我们如何种好心田提供了良好借鉴。

曾有一首歌《梦田》，歌词这样写道：“每个人心里一亩一亩田，每个人心里一个一个梦，一颗呀一颗种子，是我心里的一亩田。用它来种什么？用它来种什么？种桃种李种春风，开尽梨花春又来。”是啊，每个人心中那方田地的经营状况直接关系到个人精神世界的丰盈与否及生活幸福指数的高低。种下温暖，收获阳光；种下感恩，收获温情；种下淡泊，收获释然；种下宽容，收获和谐；种下桃李，收获果实；种下宁静，收获致远；种下平和，收获心境；种下激情，收获梦想；种下豁达，收获幸福！古人说，种瓜得瓜，种豆得豆。想收获什么，关键是我们曾在心田里种下了什么！

每个人心中都有一亩田，用心去耕种，它就会带给我们不同的生活体验和别样的精彩人生！悠扬的旋律再次响起，大师的话语又浮现脑际，愿每一个人都能种好心田，收获属于自己的那份幸福！

读书是走向成长和幸福的桥

山东省乐陵市教育局教研室　张书才

综观古今中外，凡成大学问者，无一不是读书成癖、爱书如命、博览群书、读书破万卷的。爱读书者是世间最幸福的人，因为他除了拥有现实的世界之外，还拥有另一个更为浩瀚也更为丰富的世界。现实的世界是人人都有的，而后一个世界却为爱读书者所独有。

我很欣赏瑞士作家凯勒所说的："一本新书像一艘船，带领我们从狭隘的地方，驶向无限广阔的生活海洋。"下面让我们围绕"读书"这一话题进行分享交流吧！

一个故事

有这样一个故事，说有个人酷爱读书，他的富翁朋友与他打赌，请他住进自己的庄园里，每日独守书房，不能离开房间，一日三餐给他从窗口送进去，时间为一年。如果他能坚持下来，就将庄园输给他。一年过去了，当这个人从书房从容走出来时，富翁朋友彻底服输了，没办法，只好履约。可这位爱读书的朋友对他说："你的庄园里最值钱的是这些书，现在，这些书我都读完了，我还要你的庄园干什么呢？"说完飘然而去。

作为教师，我们物质上可以是清贫的，但以教书育人为职业的我们却拥有书这个好朋友，她所带给我们的心灵享受是任何物质享受都不能代替的，因为她不仅能让我们学到知识，更能让我们变得睿智，有思想。

一个案例

《永不凋谢的玫瑰》讲述的是苏联著名教育家苏霍姆林斯基的一个案

例：学校的花房里开出了一朵硕大的玫瑰花，全校师生都非常惊讶，每天都有许多学生来看。这天早晨，苏霍姆林斯基在校园里散步，看到幼儿园的一个 4 岁左右的小女孩在花房里摘下了那朵玫瑰花，拿在手中，从容地往外走。他很想知道这个小女孩为什么摘花，他弯下腰，亲切地问："孩子，你摘这朵花是送给谁的？能告诉我吗？"小女孩害羞地说："奶奶病得很重，我告诉她学校里有这样一朵大玫瑰花，奶奶有点不信，我现在摘下来给她看，奶奶看过以后我就把花送回来。"听了孩子天真的回答，苏霍姆林斯基的心被触动了，他牵着小女孩，在花房里又摘下了两朵大玫瑰花，对她说："这一朵是奖给你的，你是一个懂得爱的孩子；这一朵是送给你妈妈的，感谢她养育了你这样的好孩子。"

这个案例长久地感动着我，并深深地启迪了我。假如是我，会怎么做呢？我想我可能首先会没收了小女孩摘的花，然后对小女孩进行一番传统的道德教育，教育小女孩不要损害公物。那么，如果这样做，后果是什么呢？可能会让这个小女孩缺失对人性美与人情美的感悟，缺乏同情心和怜悯心，可能从此以后在别人有困难或生病时，也会变得漠不关心……

苏霍姆林斯基让我们懂得要站直了教书，要不断地学习，要了解学生、关心学生，给学生以关爱，要用情感沟通情感，用智慧启迪智慧，用心灵触摸心灵！这样我们的学生才可能成为站直了的人。

一种担忧

一名印度工程师所写的一篇文章《令人忧虑，不阅读的中国人》红遍网络。他说，或许不应过分苛责，但他只是忧虑，如果就此疏远了灵魂，未来的中国可能会为此付出代价。

当时，他在从德国法兰克福飞往上海的飞机上，正是长途飞行中的睡眠时间，机舱已熄灯，他吃惊地发现，不睡觉玩 iPad 的，基本上都是中国人，而且基本上都是在打游戏或看电影，没见有人读书。

这一幕情景一直停留在他的脑海里。其实他在法兰克福机场候机时，就曾注意到，德国乘客大部分是在安静地阅读或工作，而中国乘客大部分要么在穿梭购物，要么在大声谈笑和比较价格。

有一次，他和一位法国朋友一起在虹桥火车站候车，这位第一次来中国的朋友就突然问他："为什么中国人都在打电话或玩手机，没有人看书？"他一看，确实如此。人们都在打电话（大声谈话），低头发短信、刷微博或打游戏——或喧嚣地忙碌，或孤独地忙碌，唯独缺少一种满足的安宁。中老年人参与打麻将，青年人上网，少年儿童看电视，中国人的娱乐生活几乎就浓缩为麻将、上网和看电视。他表示，中国是一个有全世界最悠久阅读传统的国家，但现在的中国人却似乎不耐烦坐下来安静地读一本书，他为此而为中国的未来感到深深的忧虑。

读后，说它令我们感到振聋发聩，并不为过。作为教师，我们是不是应该首先成为名副其实的读书者呢？我们是不是更应该带动、影响学生、家人、周围的人一起踏上读书的道路呢？

一个人不读书，是自己的事情，但一群人不读书，就是一个民族的事情了。我对当下的阅读现状感到悲伤，但对读书的未来还是很乐观的。舌尖之后应该是心尖，吃饱穿暖之后，接下来的需求就是精神层面的。

一点感悟

"世纪老人"冰心说过："读书好，好读书，读好书。"这是一句至理名言，也应是我们的读书向导。

读书，使我们单调孤寂的生活变得丰富生动，跳动的文字如温暖的阳光洒向我们的心田，书中的哲理使我们收获人生的真谛。在书中，我们能够找到人生的方向、工作的自信、教书的底气。

有人说，读书是生命的"加油站"；也有人说，读书是精神的"洗车行"；我想说，读书是走向成长和幸福的桥。

因为一个不喜欢阅读的民族很难成为远离贫穷和平庸的民族，一所没有阅读的学校永远不可能拥有真正关注生命健康成长的教育，而一个不喜欢读书的教师注定永远无法抵达教育的本质，无法用鲜活的教育滋养学生鲜活的生命，无法享受职业带来的成长与幸福。

此刻，我只想真诚地对所有人说：读书吧！因为读书是你我成长和走向幸福的桥梁。与书相伴，我们的人生旅途就会一路花香，我们的民族就会兴旺发达，我们的国家就会繁荣富强。

在心灵的围城里种花、种草、种春风

山东省乐陵市实验中学　白书贞

寒假的日子，怎一个“忙”字了得，但越是忙碌，越需要书籍来慰藉焦灼不堪的灵魂，也越要沉下心来梳理自己的读书历程，才不负那让我增长知识、颐养心灵的书籍及美好的读书时光。

从《教师博览》杂志中偶然看到一篇文章的作者介绍《非常语文非常课：梅洪建语文课堂教学实录》这本书，不禁为之神往。因我对中学语文教学有很多迷惑，常感自己好像被某种容器给桎梏了，只是在教材与教参之间打转，看不到远方，找不到出路。因此，迫切需要有人为我指点迷津。《非常语文非常课：梅洪建语文课堂教学实录》的作者梅洪建老师是一位全国优秀班主任，也是一位全国优秀语文教师，第一眼看到这本书，我就感觉他的这本书一定会给我带来惊喜与收获，于是便在寒假前网购了这本书，准备在寒假期间阅读。

不得不说，见到这本书就像见到了久别的故人，是那么熟悉与亲切，它里面记载的多篇课文我也教过。梅洪建老师的话语朴实自然、通俗易懂，通过拜读，我对语文的理解又进了一层。梅洪建老师说：“非常课，不是课高人一等，而是能够在平淡之中绚烂出别样的味道。”直白地说，他是在用语文的方法教语文，非常语文，其实就是平常课。

何谓“用语文的方法教语文”？阅读后，我知道了文言文教学的两个基本原则：既要有“山的沉稳”，又要有“水的灵动”。“山的沉稳”是从“教什么”的角度讲，既要下大气力夯实字、词、句及其用法，也要抓好人物形象、思想内容、写作特色等内容。“水的灵动”是从“怎么教”的角度讲，也就是在教学策略和方法的选择上，要像水那样灵动——或涓涓，或潺潺，或涡旋，或汹涌……总之要“随物赋形”，灵动飘逸，不可呆板僵化。而这些教学要点能够在课堂上展现，需要教师的大智慧。我喜欢“随物赋形”这个词，不拘泥于某种形式，不受条条框框的拘束，课堂灵动多姿，有着旺盛的生命力。我要好好地锤炼自己，努力遵循这两个原则，使文言文教学摆脱低效高耗、万马齐喑的局面，迎来自己的“春天”。

我在教学过程中，常常会有以下疑问：对于感觉没有教学点的文章应该怎么备课呢？如何把陈旧的、与现代思想有隔阂的甚至无趣味的文章在课上讲得有价值呢？梅洪建老师给了我很好的示范。读到《清贫》这篇文章的课堂实录时，真为梅洪建老师的教学方法拍案叫绝。他通过不断地解读课文，独出心裁，别具匠心地找到了教学的三个点：第一个点，说说文中的“美”与“丑”，既指向内容层面，也兼顾写作技巧；第二个点，说说文中的“真”与“假”，换了一个角度，继续引领学生研读文本；第三个点，说说文中的“假”与“美”，探究写作手法，更是深入文本。就这样，学生带着不同的目的和挑战在语言文字中走了好几个来回。教语文不能跳开对语言文字的解读品析，这就是“用语文的方式教语文”，这就是“非常语文非常课”。很多时候，我们觉得有些课文太过浅显直白，找不到要教学的点，其实那只是我们不用心罢了，没有别的原因。我还从专家徐飞老师的课后点评文章中提炼出了自己需要铭记的要点：教师个人要具备解读文本的功夫；要善于选点，选择能够牵一发而动全身的点；要精心设计教学，各板块组合要能够体现内在逻辑层进之美；资料穿插要合目的性与适度性的统一。

此外，古诗文应该怎么教，讲解说明文、小说的课应该怎么上，以及什么是读写共生的课堂，梅洪建老师都有典型的课例展示，我每每读过都有惊艳之感，油然而生对梅洪建老师的独辟蹊径的教学思路及教学智慧的钦佩之情。

到现在为止，我只是看到了这本书外在的皮毛，而真正蕴藏其间、深入内里的东西，还需不断地、反复地去研读，去思考，去实践，逐渐领悟语文的真正内涵。所以，我下定决心，一定要多次到这本书里来“串门”，真正体悟它的精神内核。虽然，我不能完全学到梅洪建老师的教学思路与教学方法，但从他的文字中我能获得更多的启发与灵感。站在巨人的肩膀上，能看清语文的更多东西，离“跳出教材看语文”的距离也能更近一些。

寒假里，小侄女自己挑选了两本书，想要做摘抄，恰巧被我碰到了，于是便有了机会与这两本书结缘。其中一本是于丹老师的《有梦不觉人生寒》，翻开书，便被其优美的文字和古香古色的插画深深地吸引了，同时也被于丹老师开阔浩大的心灵打动了。在她的笔下，烦琐平淡的生活变得有趣有味、有光有色、生动可触。不愧为北京师范大学的才女，她博古通今，引经据典，让我知道了某些熟悉事物的前世今生。她以生活小事为例向我们讲述人生要义，读来令人唇齿流芳、醍醐灌顶。恰巧在我人生最失意，在苦痛里无法自拔的时候，这本书如温暖的阳光抚慰了我的灵魂。她说：“天堂地狱，不过一念之间。没有哪个地方必定能成全你，也没有任何地方真正能毁灭你。”她说：“窑变也是人生之一种，妙在可控与不可控之间……所谓‘百变阴晴不变天’，有一颗愿意接受开窑一刻任何结果的不变心，才配拥有万千窑变超乎寻常的精彩。”她说：“所谓生命，不过是向岁月借来一段或长或短的光阴，结下几份或深或浅的俗世缘。”她说：“心有猛虎，细嗅蔷薇。盛宴散尽之后，总有一瞬，让我们不能自持，泪流满面。”……读着读着，我莫名地心神暗动，鼻翼发酸，不觉眼泪模糊了双眼。经她的“金手指”一点，就那么简单，我开悟了。

如果说《非常语文非常课：梅洪建语文课堂教学实录》是一本专业教学指导书，语言严谨而不失灵动，《有梦不觉人生寒》是一碗滋养心灵的鸡汤，语言典雅隽永、意境丰美，那么陈廷一所著的《宋氏三姐妹》则是一本让人爱不释手的历史书。只不过这本历史书与我们历史课本的严正大不相同，此书语言幽默风趣、引人入胜，其间还穿插了很多现代流行词和网络用语，让我忍俊不禁。它带我走进当年的历史风云之中，读之常有乱石穿空、惊涛拍岸之感。我曾于李筱懿所著的《灵魂有香气的女子》中读过宋氏三姐妹的故事，自认为对她们已有所了解，但读完这本书，顿感“天外有天”。这本书更详细、更完备地讲述了风云动荡的年代里那段和宋氏三姐妹相关的历史，一个大家族的兴起，一个豪门家庭的悲欢离合。

原来，宋家老大宋霭龄这么厉害，她就像一个女王，是一个天生的理财专家。在她的掌控下，孔家才得以成为中国当时的首富，赫赫显贵。宋庆龄看着小家碧玉、楚楚可怜，但她骨子里是一个非常坚强的人，也最具叛逆性，为了信仰而执着追求。宋美龄，原来是一个阳光女孩，热爱公益事业，利用家族的影响做了许多令人钦佩的事情。宋氏三姐妹成了一个时代的代表，也是中国女性的代表。三姐妹各有风姿，各有归宿，各自演绎了不同的精彩人生。此外，本书还涉及诸多人物，如宋耀如、孙中山、宋子文、孔祥熙、蒋介石、胡宗南、戴笠、孔令伟……我起初只知道用好人、坏人来区分他们，却不知这些人物原来那么鲜活、那么有意思。比戏剧还要戏剧的历史故事，让我心动不已，也唏嘘不已。

此外，读报刊也是我寒假生活的阅读内容之一。看到那些美好的文字，我总是庆幸自己没有错过它们。其中有篇文章引用了沈从文先生写的一个故事：一个女子没有孩子，便到送子娘娘那里去求，她跪下来祷告，那祷词是："今年来了，我是跟你要着哩，明年来了，我是手里抱着哩，咯咯嘎嘎地笑着哩！"这个故事令我深受感染，不由呵呵笑起来，之后也时常想起，温暖了那些寒冷的日子。

假期里，忙里偷闲，手捧书本，鼻嗅墨香，与书中人物同哭同笑、同悲同乐，未尝不是一种丰美的人生享受。读教育专业书，得名师点悟，提升专业素养；读生命感悟书，洗涤蒙尘，洁净灵魂；读历史故事书，增长见闻，心情愉悦。还真应了那句话：读书，就是在心灵的围城里种花、种草、种春风。

今生与阅读相遇

山东省乐陵市铁营镇中心小学　潘丽华

今生与阅读相遇，倍感万幸。阅读让我的生活更加幸福，人生更加丰富多彩。

阅读让我懂得——大抵贤圣发愤之所为作也

自2008年加入乐陵教师读书会以来，我逐渐喜欢上了阅读，而且读书已经成为我生活的重要组成部分。我不光自己买书读，也会去图书馆借阅图书。我读的大多是中国经典文学，虽不能全部消化，却也从他人身上收获了不少正能量，特别是他们的人生经历带给我很多感悟，也着实令我钦佩！“文王拘而演《周易》；仲尼厄而作《春秋》；屈原放逐，乃赋《离骚》；左丘失明，厥有《国语》；孙子膑脚，《兵法》修列；不韦迁蜀，世传《吕览》；韩非囚秦，《说难》《孤愤》。《诗》三百篇，大抵贤圣发愤之所为作也。”

我没有贤圣那么多的坎坷磨难，我也没有写出过轰动世界的“大作”，但是通过不断阅读、不断学习，我仍坚持笔耕不辍，边读边写，写感恩、写教育、写生活。我在阅读中得到快乐，在写作中获得幸福。我爱人将我的写作成果打印并装订成了一本书，精美的封面，新颖的题目，特别是看到作者是自己的名字时，心里油然而生了一种自豪感，这也不断激励着我继续读、继续写。

阅读让我懂得——子欲养而亲不待

随着年龄的不断增长，读的书也在不断增多，在阅读的过程中我不断丰盈自己的思想，并拥有了悲悯的情怀，懂得了感恩。几年前，有点年轻，有股冲劲，工作上事事争强好胜，在父亲病重到去世期间也在忙于工作，没有尽自己最大的努力去陪伴他，照顾他，这成了我终身的遗憾。而身体一向硬朗的公公也在去年突发心梗离世了。公公的突然离去，让我们全家老小都有点接受不了。两位父亲相继去世，留下了白发苍苍、孤独可怜的两位老母亲。此时我才深刻体会到书中所讲“树欲静而风不止，子欲养而亲不待”的含义。于是，现在只要有时间我就会回趟娘家，捎上妈妈爱吃的东西，陪妈妈四处逛逛、聊聊天。每周六我还会陪婆婆去影院看戏，因为婆婆是个戏迷。我想在两位母亲的有生之年，尽自己的孝心，让自己不要再有“子欲养而亲不待”的愧疚感，也不要再因没有陪伴老人而感到遗憾。

阅读让我懂得——举案齐眉

我爱人曾经在乡政府上班，后来提倡买断分流，就响应号召，外出自谋职业了。当时我们夫妻俩靠着微薄的工资支撑着一家老小的生活，确实不富裕。所以我爱人很想外出工作，希望靠自己的技术能力让家庭变得富裕起来，他一外出工作，家里好多事都由我一人承担了。孝敬老人、照顾孩子、上班……本来就体弱的我，哪禁得住这么多事啊！吃不好、睡不着、心情不好，就给在外地工作的爱人打电话埋怨、哭诉、劈头盖脸地把一腔怒火发泄到他的头上，可是他不烦不恼，总是耐心地劝导我。后来心烦时，我就拿起书来读，读着读着心就静下来了，读着读着就学会换位思考了：爱人远离家乡、远离父母妻儿，一人在外漂泊，也很不容易啊！后来，家里逐渐富裕了，有车有房有存款，这些不都是源于我们夫妻的共同努力吗？读书让我知道了梁鸿、孟光夫妇的故事，我深受启发，也学古人，夫妇举案齐眉，相敬如宾，一起携手相伴到老！

阅读让我懂得——一个人的阅读史是一个人的成长史

女儿小时候乖巧可爱，很喜欢听故事，后来上学了，就自己读带拼音的童话故事书。最开始时，她读完故事书就给我连编带说地讲个没完没了，而每次都是我打断津津乐道讲故事的女儿："宝宝，明天再讲吧，妈妈要干活了。"这时，女儿就会很不情愿地噘起小嘴。等女儿在私立学校上学后，她的饮食起居、生活习惯和学习情况我了解得越来越少，我才逐渐意识到，孩子不再给我讲故事了，也不愿意看书了，另外，考试成绩也不愿意跟我交流，脾气也越来越大了。当我看到"一个人的阅读史是一个人的成长史"这句话时，我才幡然醒悟：孩子的好习惯、孩子的成长原来与阅读有直接关系。阅读可以让孩子浮躁的心静下来，阅读可以丰富孩子的知识，阅读可以培养孩子的德行。亡羊补牢，为时未晚，于是我开始用各种方法引导着女儿再去读书，女儿的阅读兴趣再次被唤醒，放学回到家也经常废寝忘食地进行阅读，脾气也越来越好了，我看在眼里，既欢喜又心疼。从今以后，我要从自身做起，以身作则，引领孩子阅读，让书籍与孩子相伴，让书籍成就孩子的未来。

阅读让我充实，阅读让我遇事泰然处之，阅读让我把职业当作事业，阅读让我在享受中从事教育。今生与阅读相遇，真好！

读书伴我成长

山东省乐陵市孔镇中心小学　殷玉华

我在2008年就加入了乐陵教师读书会，回想起来，感慨颇多，受益匪浅。

我是非师范类学校毕业的，当教师是“半路出家”，刚开始上课时，我就是单纯地模仿我曾经的老师的教学方法给学生上课。诚实地说，基本就是照搬教参、念教案。幸运的是，我参加了乐陵教师读书会，从此开始了幸福的成长之旅。每天，读书成了我最大的享受。有了书籍的帮助、指引、滋养，我的课堂也开始发生了变化。我开始反复阅读教材，在理解的基础上写下自己的想法，借鉴教材，试着独立备课。虽然很辛苦，但是很快乐，过得也很充实。

成长的道路总是坎坷不平的，我至今还清楚地记得，有一堂课曾给我带来的沉重打击。那是一次公开课，我执教《将相和》，我反复观看支玉恒老师的教学视频，精心备课，感觉准备得特别充分，自以为已经读透了教材，甚至能背下来了，教学环节也已烂熟于心。可是真正上起课来，却是一塌糊涂，课堂如同一盘散沙，我说我的，学生玩学生的，甚至连基本的教学环节都无法进行。我感觉那是我这辈子上得最惨的一堂课，那么多听课的教师，真是让我感到无地自容。但是，我坚信从哪里跌倒就要从哪里爬起来，于是我拜读了《叩问课堂：语文教学慎思录》这本书，从中找到了我失败的原因——学习名师，不能简单地进行模仿，不能只学习教学环节、教学模式的表象，更重要的是要学习其中的教育理念、教育思想。那一刻，我真正明白了“纸上得来终觉浅，觉知此事要躬行”的内涵。备课不仅要备教材，更重要的是要备学生，要激发学生的积极性，要触动学生的心灵，要以学生为主体。这么简单的话，真正做起来却不简单。

因为读书，我改变了教学方法。以前上课我只关注于一节课的知识讲解，现在会把同类文章贯穿起来试着进行一系列的讲解。比如，对于人教版语文六年级上册第一单元有关写景的文章，我对《山中访友》《草虫的村落》进行精讲以后，就让学生自学其他两篇文章，再进行横向比较阅读。之后又和学生一起复习了四、五年级的写景文章，然后进行了纵向比较阅读，让学生从中悟得这类文章的学习方法。进行同类文章的大量阅读，课内得法便向课外拓展，从而达到举一反三的目的。

因为读书，课堂不再是我唱独角戏，而是成了学生的舞台。课堂上还是会出现各种各样的问题，但我不再害怕，反而喜欢这种挑战，感觉这才是有生命的课堂，问题才能促进我成长，促使我思考。其实，问题就是教育改革的契机。一天上午我突击检查学生的作业，有几个学生竟然没写，他们理直气壮地告诉我，我布置的字他们都会写。我顿时有些生气了，学习不努力，还找借口，此时我忽然想起了我读过的《教师的 20 项修炼》这本书，我很快冷静了下来。我让他们书写，没想到真写对了，我带头为他们鼓掌，并趁机说："我佩服他们的勇气，我相信还有很多同学也会写，记得以前我就说过，老师布置的作业如果会是可以不写的。"学生都很吃惊，原来真的可以这样。从此以后，学生的作业有了很大的自主性、针对性、实效性，真是"踏破铁鞋无觅处，得来全不费工夫"。

从 2008 年到现在，我一直担任着六年级的语文教学工作。每天有备不完的课、批不完的作业、辅导不完的学生，感觉身心俱疲。年好过节好过，平常日子不好过，这时，只有读书，才能找回当时的激情；只有读书，才能克服职业倦怠；只有读书，才能提高生活质量。我时刻谨记着我教的不是一门学科，而是一群人。要让学习变得有趣，就要让学生知道你是真的关注他们，真的在乎他们的喜怒哀乐。

最近我开始思考如何让学生更好地适应社会。《在与众不同的教室里：8 位美国当代名师的精神档案》这本书给了我极大的震撼，书中讲了 8 位美国名师的成长档案，其中有 4 位在师资最薄弱的学校教书，却都注重培养学生的创新能力，也都取得了卓越的教学成绩。书中的一位名师克拉克喜欢冒险，喜欢周游世界，可是这些所见所得都不如在教室里教学让他感到兴奋，他觉得最有挑战的是找到办法跟每个学生合上拍，用教师的激情来激发学生的学习热情。另一位名师凯德说："我希望我的孩子无论将来从事什么职业，在面对一个新的问题时，都能头脑敏锐，创造性地把问题解决掉。我希望他们以积极、主动的心态处理生活中的各种事情。"是啊，教室里有什么样的教师，就有什么样的教育；有什么样的教育，就有什么样的国民。在教师的身上往往可以看到一个国家的未来。我是一名教师，理应担当起时代赋予的责任，通过不断读书，增强迎接时代的挑战的能力。

有理想、有抱负的教师们，让我们共同读书、共同成长、共同站在巨人的肩膀上迎接时代的挑战吧！

也谈教育之殇

山东省乐陵市挺进小学　李会山

工作中经常会接触到一些涉及家校纠纷的教育事件。在目睹或处理事情发展的过程中，结合自己的阅读，突然对现在的教育环境及社会对教育的认知有了很多不同于以往的感触。

案例一：一名高二学生，在下学期的学习中表现出极强的叛逆心理，连续几次违反校规校纪。班主任几次要求和家长见面，家长都不理会。不久，该生再次严重违纪，在被班主任强烈要求见家长的情况下，表示不愿再读书。这次，家长在孩子的主动联系下，姗姗来到学校。了解情况后，家长什么都没有说就把孩子带走了，之后再没回校。据此，学校依据相关管理制度决定对其进行劝退处理，并进行了公示。两年后，该生家长突然和学校联系，要求让孩子复学。学校以其严重违反校纪、自动离校不归且已做出劝退处理为由拒绝了家长的要求。家长非常不满，认为孩子是违反了校规校纪，但孩子当时不愿意读书了，所以就把孩子带回了家。现在孩子又想读书了，学校就应该接收。于是，家长开始四处诉求，最后一纸诉状把学校告上了法庭，说学校做出的劝退处理太重，耽误了孩子的一生。最后，法院依法驳回了其诉讼请求，但该家长表示会继续上诉。

我不知道大家看到这个案例后会有什么感受，我只想发出这样的疑问：首先，在教育孩子的问题上，家长应该承担什么样的责任？家长的职责应该怎样去履行？上述案例中，到底是谁耽误了孩子呢？其次，在学校管理中，学校有没有自主管理的权利呢？在处理相关问题学生时，学校应该注意些什么呢？是否在每次处理学生事件时，都要留存书面资料及相关证据以应对随时会出现的意外发难呢？

案例二：一名从其他学校转来的六年级学生上课总是低着头，教师发现后，走到学生跟前，要求其抬起头来上课，该生仍不抬头，教师对其进行了批评。第二天，该生没来上课。之后，学校接到家长电话，说孩子不愿意上学了，因为教师批评她了，要教师和学校给个说法。于是，学校领导和教师来到该生家里了解情况，发现孩子见到他们之后就跑到里屋藏了起来，且锁上了门。家长一口咬定是教师的批评造成了孩子严重的厌学心理，要教师和学校负责，否则就要去法院起诉。后经学校多方了解，原来该生在转到该校之前就有抑郁症表现，其家庭教育方式的简单粗暴是造成孩子患病的主要原因。虽然如此，家长却不依不饶，把责任完全推到了教师和学校身上，要求学校必须给孩子看病直到能正常上学了才算了事。之后，家长就此事和学校纠缠不清，至今仍没有得到解决。

看到这个案例，大家又会有哪些感触呢？我想，当社会上越来越多的人潜意识里认为都能对教育指手画脚的时候，甚至都想闯进学校“分一杯羹”的时候，我们的社会意识形态就已经发生了扭曲，而且相应地，我们的学校教育也已经出了问题。

案例三：一名一年级学生在校期间不慎摔倒磕掉了半颗牙，学校通知家长并一起带孩子到医院进行了检查治疗。医生说由于孩子正处于换牙期，所以并无大碍，正常生长的概率很高。家长却不答应，表示教师和学校一定要负全责，如果牙长不出来，学校要负责其今后对孩子产生的所有影响。几个月后，该生的断牙处长出了新牙。但事情远没有结束，家长要求教师和学校赔偿孩子的人身损失费，共计一万一千元，不然就和学校没完，虽然此时孩子早已正常在校上课。

接触到这样的案例，我只能为当今的学校教育感到遗憾，为如今的教师感到悲哀。什么时候，教育成了高危行业了？你不知道在哪一天学生身上发生的哪一件匪夷所思的事情就会把责任追加到你的头上，而且对方还理直气壮、言之凿凿！

以上只是诸多类似事情中比较典型的案例，却不能不引起我们的深思：我们的社会到底怎么了？我们的教育到底怎么了？这么多看似微小的或许学校一天内会重复发生的正常事情，为什么现在就会衍生出如此严重的后果呢？为什么这些会成为“教育不能承受之重”了呢？是人之殇？教育之殇？还是时代之殇？

不谈专业，只话成长

山东省乐陵市阜欣小学　郑圆圆

2016年，我有幸参加了“第八届名家人文教育高端论坛暨名师课堂研讨会”，历时四天的会议给我留下了太多美好的回忆，同时我也积累了太多的可借鉴经验，但是这次我不谈专业，只谈成长。

不谈专业，并不是因为自己的专业不需要再精进，而是因为以下这两方面的原因：其一，专家们专业方面的造诣精深，我能从他们的成功经验中获得启发，却不能轻易地去模仿他们，我需要长时间进行摸索才能找到属于自己的教学方法。其二，在听专家讲课时，发现专家的课都能上得如行云流水般流畅自如，原因何在？我通过总结他们的经验，发现原因可能出在读书上。可是支撑他们读书的是什么，而我不喜欢读书的原因又在哪里？经过层层自我剖析，发现问题应该出在“心”上。所以，我这次更想谈谈这次会议给我带来的成长启示。

理想、情怀与“心”

理想和情怀，这些源自内心深处的东西正是支撑一个人前进的最原始动力。可是，试问自己，我的内心还剩下多少教育理想和教育情怀？正因为缺失了这些，所以，我的心常常是茫然的。没有理想和情怀做支撑，工作的枯燥和乏味可想而知。我整天抱怨体制、抱怨劳累、抱怨生活，殊不知是我自己出了问题，是自己那颗没有理想和情怀的“心”出了问题。所以，必须要重新让自己胸怀梦想，让自己的内心变得充盈而富足起来。

读书与“心”

正所谓，不读书，灵魂无处安放。越是无处安放的灵魂越感觉劳累，越是茫然，越找不到心灵的出口；而越是如此，越是无法静下心来到书中去。如果这样的恶性循环在一个人的身上愈演愈烈的话，那么，这个人的内心除了痛苦恐怕也就所剩无它了。书真的能使一个人变得安静、从容、大度。“腹有诗书气自华”“读书的女人最美丽”“你的气质里藏着你读过的书”……这些话都不是空话。魏书生、陶继新、王崧舟等名师哪一个不是饱读诗书、畅游书海？是不是读书让他们有了对教育的这种悲悯情怀和独特认知，我不得而知，但是我想其间一定有着必然的联系。而我教得被动、教得劳累的原因恰恰就是因为我没有读书，问题便出在自己这颗不善学习、不善读书的“心”上。那么，从现在开始和书结伴、与书为友，把灵魂安放在书香中，我一定能做一个心明眼亮的教师，在工作中不再觉得枯燥乏味，不再充满抱怨和无知，毕竟，书是医治愚昧的唯一良药。

格局与“心”

格局有多大，世界就有多大。陶继新老师说过，当一个人拥有了超然的心灵，与世界合一，便与这个世界没有了界限，就会获得无限的广阔与辽远。细想这句话，我觉得对极了，当我把“心门”打开，放眼世界时，我与他人、与世界之间便没有了隔阂，我收获的岂不是全世界？把心打开，将世俗的攀比、无味的争论摒弃，其实也就等于把格局放大了。那样的话是不是就能给“心”腾出更多的空间，用来安放那个愤怒的、茫然的、漂泊的灵魂。看来，是平时那些鸡毛蒜皮的小事缩小了我的格局，占据了我心灵的空间，这让我如何能走远呢？从此时起，放下戒备，敞开心扉。我相信，我给世界一个微笑，世界会还给我一片欢声笑语；我给世界一点绿意，世界会还给我一片茂密丛林。

专家们谈“心”

在“第八届名家人文教育高端论坛暨名师课堂研讨会”上，魏书生老师谈到了“心”——怀揣一颗平常心；陶继新老师谈到了“心”——超然的心灵，道法自然；王崧舟老师谈到了“心”——无为而无不为，顺其自然；自台湾漂洋过海而来的吕瑞芬教授也谈到了“心”——师心，童心，心心相印。这些名师们都在不约而同地同我们谈“心”，要我们怀一颗平常心，不争不抢，眼睛向内，看着自己的内心，守护自己的内心，过平平常常的日子。只有这样做，我们的脚步才能慢下来。只有听从内心，我们才能活出自己的姿态和风格。我也由此想到，只有内心的改变才能带给自己真正的改变，依靠这一股由内而外的强大力量，我的成长或许会来得更早、更快一些。

改变吧！先从自己的内心开始，不为成名，不为成功，只为成长。

改变吧！听听自己内心的声音，回望一下来时的路。

改变吧！把心静下来，和喜欢的那个自己说说话，活出自己的样子。

改变吧！让工作、生活成为享受。

改变吧！只有把“心”放正了，才会走上一条自我成长的阳关大道。

在阅读中成长

山东省乐陵市丁坞镇乐福小学　于东明

“记住，你是吃饭长大，也是读书长大的！”这是林海音在《窃读记》中提到的一句话，而我的精神也是在不断地阅读中成长起来的。

读书就是和许多高尚、境界高的人进行对话，见贤思齐，也能帮助自己改正许多缺点。再者，社会的发展变化越来越快了，只有多阅读才能知道别人是如何思考的，才能了解事情已经发展到了怎样的程度，才能洞悉现在占领前沿的思想是什么。要想思想不落伍，就只有多读书。

通过读书，可以找到解决生活中的难题的方法，找到情感上的共鸣。只看到别人的光鲜亮丽，却没有深入了解别人的心路历程，不能算是真正地理解别人。就像李镇西老师，最开始只知道他是一位名师，当了解到他如何在贫穷落后的农村和孩子们摸爬滚打在一起，怎样伏案写作，怎样研究学生的心理状况，向有关部门提交几十万字的报告反映情况时，再看看名师光环下付出的辛勤的汗水，学生能和他打成一片，我们会觉得这是自然而然、水到渠成的事情。

我的教育经历一直伴随着读书的好习惯，一步步走到现在，虽说没有因为读书获得大的成就，却也有益于自己对教育的认识和未来的发展。刚刚上班时，我主要读的是教学技巧方面的书或杂志，比如《快乐教学法》，还有《山东教育》等，甚至梦想着能写几篇论文发表在各级刊物上。曾经，接到上交论文的任务，我就会点灯熬油地写到深夜，从这本书上抄一点，那份报上摘一点，大杂烩地弄上几千字硬凑成一篇论文。我的论文也曾经被选中报到德州市里去，后来也不了了之了。当时的情况就是，明天要交差，就在今天晚上紧紧张张地赶完，常常到了第二天头昏脑涨的，写的东西连自己都不想再看一眼。不过还是受益匪浅的，通过逼着自己看一些文章，我对课堂有了初步的理解，也学会了如何导入课堂教学，怎样调动学生的积极性和处理学生出现的各种问题。

教学改革迎来了一个又一个浪潮：学“洋思”提着小黑板，学“杜郎口”拆讲台，学“衡水中学”进行军事化管理……我也曾随波逐流，左突右冲，试图找到突破口。为了追求教学的高效，我承接着由上级传导下来的层层压力，却还是在中间环节打了“折扣”，重复的抄写任务我没有布置，严厉的惩罚性作业我也不布置，我尽力保护着学生的天性，我始终坚信教育的真谛就是呵护学生成长，让他们明事理、懂是非、守纪律，努力为他们种下理想的种子。教每一届学生，我都会拿出一两节课讨论他们的理想。每次学习《为人民服务》，都会多用一节课的时间讲讲什么是“为人民服务”的思想，尽管多数学生听得似懂非懂，但总会有几个领悟力强的学生深深地点头：“哦，我明白了！”这时我会很欣慰，有了这种意识，他们长大了就不会变成坏人，他们的出发点没有错，路上再曲折，只要方向对，总会到达目的地的。

我教过的学生都说我不够严格，的确，我也曾为我的行为付出过代价。为此我总是左右为难，于是，我开始读教育专著来寻求答案，尤其是加入读书会后，我不再局限于读小段的文章了，开始阅读整本的书。吴非老师的《不跪着教书》、杨林柯老师的《推动自己，就是推动教育》、陶继新老师的《高效教学的道与术：陶继新教育讲演录》等，书架慢慢被摆满了，我的阅读也从刚开始工作时学习教学技巧这些“术”的内容，悄悄转向探索教育真谛“道”的层面。读着这些专著，走近这些教育家和学者，触摸他们的灵魂，发现他们也有着和我一样的苦恼，理解了他们为教育所做出的努力，也给我自己的精神注入了活力。

思想上有共鸣也有争鸣。一些专家的观点我也不是很认同，有时会觉得观点相悖的两个专家说的都有道理，一会儿被这个理论驳倒，一会儿又被那个信条折服。我在摇摆之中不断地去现实中加以印证，从而更深入地理解了有争议的问题。教育的本质就是“人”，激发人性善的一面，避免人性恶的一面。

读书不能离开网络阅读，从网络上我读的除了教学专著就是有关心理学的书了。我读的第一本心理学著作是朱建军的《我是谁：意向对话解读自我》，从这本书中我看到了一个神奇的主观世界，许多曾经被说成封建迷信的事情到现在也开始明白了，人的精神能量的流动就像物质世界的能量流动一样，都有其规律在里面。读这本书我明白了许多，知道了人都需要被关爱，很多时候人真的不仅仅是为了物质的财富而努力，精神的愉悦更能激发一个人的能量。人的潜力是无穷的，只是被以前的思维模式困住了，改变一个人的应对模式就可以改变一个人的人生轨迹。《弟子规》中有句话："凡是人，皆须爱，天同覆，地同载。"这种精神的流动是以爱为基础的，缺少关爱，精神能量就会阻滞。爱还有真爱和假爱之分，区别在于你的出发点是为了自己还是为了别人。后来我又读了武志红的《为何家会伤人》，书中的实例让我看到家庭成员相互间的伤害不亚于仇敌之间的伤害，那种恨同样能深入骨髓。现实中又能有多少人能活出自我，达到自我实现呢？其实很多人都是在相互仇视、能量相互抵消、相互伤害的过程中消磨着青春年华的。阅读台湾作家张德芬的《遇见心想事成的自己》，让我感受到心灵的自我修行也要付出努力，悟性要达到，功夫也要达到。

我通过阅读提高了自己理解别人的能力，在解决学生遇到的问题时会更有针对性。我处理过高中生、初中生还有小学生的个别案例，还有婚姻家庭方面的案例，每次都得到了来访者的认可。看着他们的关系得以改善，我的助人情结得到了满足，进一步增强了我追求进步的力量。让身边的人生活得更快乐，成了我的一个理念。我很愿意组织心理方面的活动，想让更多的人感受到人与人之间进行心灵沟通带给自己的精神愉悦。

一边读书，一边成长，充实着自己的精神，让自己在偌大的世界里寻找到让自己活得有意义的生存方式。感受天地间的正能量，不自我欺骗，真实地活着，努力付出，让生活变得更加美好！

赢在学习，胜在改变

山东省乐陵市寨头堡乡中心小学　鞠红英

今天，我想用一句名言来作文章的开头：“决定学校发展的关键，不一定是具有高学历的人，但一定是具有学习力的愿意改变的人。”这句话带给我的不仅仅是触动，更重要的是给了我潜心读书、静心思考、充实生活的导向。由此，我回首自己二十多年的教育教学生涯，不得不庆幸自己在追逐语文课改的路上不断地学习着、思考着、践行着。正因为不断地学、思、行，才真正地解除了疼痛，消除了迷茫。在乐陵教师读书会里，吴健老师的理念引领、读书会成员的观点碰撞和一本本教育经典的阅读，使我的教育理念得到了转变，教育理论得到了积淀，教学方法得到了锤炼，成长的快乐、成就的取得无以言表。总之，读书，使我品尝到了专业成长的快乐。

通过在教育经典里畅游，我明白了教育不仅仅是用爱心、耐心和恒心去教育人、改变人和成就人，在“如何打造高效课堂”，期待语文美丽转身的今天，更重要的是需要我们每位语文教师明白语文是什么，什么样的课堂才是高效课堂。关于这个话题的探讨与思考，其实我一直在践行着，这也是我多年来学习的内驱力。今天，我似乎从专家那里找到了诠释“语文”和“高效课堂”最完整、最完美的答案。语文，就是语言、文字，课堂上，教师如何巧妙地捕捉文本的语言实践点，引领学生进行口头表达和书面表达的训练，再在教师准确的评价下，使学生的语言实现更好的发展与规范。当然，语言实践的训练离不开对文本语言文字的理解，因为正确地理解语言文字是学好语文的核心，恰当地运用语言文字才是学好语文的关键。谈到这里，我不由得想到于永正老师的一句话：“没有艺术的教育是残缺的教育。”什么是艺术？教育艺术是怎样形成的？我认为那就是教师准确地把握教材、处理教材和善待学生的艺术。

总之，通过阅读教育经典，我受益匪浅。我庆幸，我早早地迈出了渴望自身专业成长的脚步，踏上了读书会的成长列车！我庆幸，我今天的执着，因读书而达到了心静如水、宠辱不惊的境界！我庆幸，我明天的继续，带着教育的理想与育人的责任，将从更多的教育经典中汲取新的营养！

改变一种行为不要放到明天，否则它会让你养成拖拉的习惯！ 现在就开始阅读，“读教育经典，享快乐人生”！

读书伴我成长

山东省乐陵市挺进小学　李俊红

歌德曾说过，读一本好书，就是和高尚的人谈话。没错，读一本好书可以使我们从智者的叮咛中顿悟人生的真谛，从伟人的记录中感悟高尚的情怀，从英雄的事迹中获得无穷的力量。我们无法丈量生命的长度，但是我们可以拓展生命的宽度，而读书，就是一个好方法！

读书让我从一个自高自傲的人变成脚踏实地的人

我有幸在2008年加入了乐陵教师读书会，这对于我来说意义非凡，因为从此我踏上了一条学习成长之路。2008年以前，我总认为自己是一名非常优秀的语文教师，能让自己的学生考出高分，也常常在别人面前自夸。但自从加入读书会以后，我常常反问自己：你真的是优秀的语文教师吗？你的文学功底有多深厚？你读过几本书？你知道多少教育理念？你知道几种教学方法？……问着问着，我已是头涔涔而泪潸潸了。想想自己以前就好比井底之蛙，待在一片小天地里自骄自傲；现在我通过读书找到了真正的自信，我每天坚持至少用30分钟时间来读书，从书中汲取营养，把自己变成了一个脚踏实地的人。

读书让我从一个“教书匠”变成一个有思想的教师

有人说，你教了一辈子的书，如果不反思自己的教学，没有自己的教学方法，照本宣科，只能说你是一个教书匠。最初听到这句话时我还愤愤不已，但自从我读了一些教育书籍以后，我意识到自己的教学方法确实有些陈旧，想想自己每天认认真真给学生讲解一篇篇课文，一学期下来，自己累得嗓子已冒烟，学生却并不领情，我最初还怀疑自己教的学生是不是有些笨，现在终于明白原来是我自己的教学方法有问题——我只是在教教材，而不是在教语文。读《教师的20项修炼》，我明白了我缺少课程意识，我的眼睛只是盯着语文课本，没有盯着语文课程，我以前只是领着学生在语文的小路上徘徊，根本没有领着他们走上语文的广阔道路。于是，我开始寻找适合学生的教学之路，带领学生向语文课程进发。在寻找方向的道路上，一本本好书就好比黑夜中的照明灯一样照亮了我前进的方向。其中对我启发特别大的一本书是《教语文，其实很简单：小学语文名师讲演录》，这本书汇集了很多语文名师的教学方法，都对我有所启迪。比如，于永正老师在书中告诫语文教师："只要我们让学生'少做题，多读书，读好书，读整本的书'（课标语），只要抓住'读写'这两条线不放，即按照教语文的规律去做，谁都能把语文教好，谁的学生都会有好的语文素养。"这段话为我的语文教学指明了方向，从此以后，我便把课外阅读列入了我的教学之中，把每周五的两节语文课作为我班的阅读交流课，后来，不但我自己的班级这样做了，也同时带动了其他的班级这样做。在课堂教学中，我也由分析课文变成以课文为例，抓住"读""写"这两条线，让学生掌握方法，快乐学习语文，由此，我的语文课变得更加丰富多彩了。正是这些好书让我的课堂发生了巨大变化，也让我从一名"教书匠"变成了一个有思想的教师。

读书让我接触到了名家，博百家之长为我所用

在我没有加入读书会之前，我并不知道教育界有那么多名家，更不知道有那么多熠熠生辉的教育思想，而我之前改变自己的教学方法的一些做法就如同在闭门造车。加入读书会后，我从窦桂梅老师那里学到了课程的整合，才真正明白原来各科是相通的，不能把各个课程割裂开，于是我开始在语文教学中加入其他课程。例如，我把音乐、美术、活动等课程整合到了自己的课程中，让学生欣赏名曲后写自己的感受，让学生用绘画表达课文的内容。我从王崧舟老师那里学到了诗意语文，原来语文是这么美，美到一篇篇课文

我们都可以用诗意去解读。我从于永正老师那里学到了我们要守住的语文的根是什么，那就是语文的工具性，我让学生透过语文学会积累，学会语言文字的运用……许多名家向我传递着不同的教育思想，我如同一条小鱼在名家思想的河流中畅游，从中汲取营养，使自己慢慢成长起来。

读书让我变成一位有独特管理方法的班主任

我是一名语文教师，同时也是一名班主任，在班级管理方面，一路走来也在不断发生着变化。以前，我总以为班主任要想管理好自己的班级必须严格、严厉、严肃，我也是这样做的，学生见着我总是小心翼翼的，不敢大声说话，那时我的班级还是优秀班集体，为此我还沾沾自喜。自从我读了万玮老师的《班主任兵法》，李迪老师的《做学生欢迎的班主任》，吴志樵、刘延庆老师的《班主任综合素质锻炼》等书籍之后，我重新审视自己的班主任身份，开始学着把一些好的班级管理方法用到我的班级管理中，特别是读了《在与众不同的教室里：8 位美国当代名师的精神档案》后，我和学生一起制订了班规、班徽、班歌等，形成了自己的班风，有了自己的班级文化，我也转变身份，成了班级管理的参与者。班级是全体学生的，让他们都参与到班级管理中，人人有事做，事事有人管，实行班级自主化管理，学生才会真正成为班级的主人。

读书让我知道如何成为一名幸福的教师

教师的工作是烦琐的，很多教师在工作中慢慢变得唠叨、暴躁、没有耐心，我以前也是这个样子。通过读书，特别是读陶继新老师的《做一名幸福的教师：陶继新教育讲演录》，我知道教师需要修炼，修炼自己的本性，让自己在教学中做一名幸福的教师。我还学会了修炼自己的语言，在批评学生时，我的语气变得委婉了，我也知道对“问题学生”该如何进行教育了。学生变得幸福了，我们才能感受到幸福。

总之，读书让我学会过滤生活，记住生活中的幸福点，忘掉生活中的痛苦点，读书使我的教育生活充满了快乐！真是书犹药也，善读之可以医愚！

教育故事

教育的魅力在于激励与唤醒，只要我们用“心”执着地去爱，所有的孩子都是可爱的。我们要以真情去营造积极向上的氛围，激发学生的潜能和创造力，使他们健康成长。外面的世界很精彩，孩子的世界更可爱，让我们沉浸在孩子的内心世界里弹拨和谐、动人的乐章。作为一名教师，每天和学生朝夕相处，看到他们成长与进步是我们最大的快乐。在成长与进步的过程中，也许有欢乐，也许有悲伤，也许是和谐的奏鸣曲，也许是冲突的无硝烟战场……无论是什么，都是我们教育路上的重要一笔，都是我们成长路上不可或缺的财富。

希望我们的这些平淡故事、真实经历能引起您的共鸣，能给您的教育之路带来启发……

我会听到花开的声音

山东省乐陵市实验中学　白书贞

因为小瑞（化名）每天上课时都趴在桌子上睡觉，于是我把他安排到了教室最前面的位置。本以为这对他会有高度的警示作用，谁知道，他一点儿顾忌也没有，“睡”声依旧。事后我问他，他总理直气壮地说：“没有呀，老师，我没有睡觉。”一脸无辜的样子，常让我怀疑自己是否眼花看错了。

那天，我见他在早读课上打盹，便叫他起来，他还处于睡意正浓的状态，眼睛红红的，说：“老师，我在低着头看书。”我真是无语了。不久，物理老师来我这里告他的状：上课睡觉，还不承认。这可怎么办？看着小瑞“楚楚可怜”的成绩单，我真的很头疼。

大课间，学生跑完操后，我直接去了小瑞的宿舍，小瑞的床收拾得还可以，就是旁边的枕头鼓鼓的，看着就不对劲。拿开枕头，一个紫色的手机、一个白色的充电宝、一个蓝色的玩具小汽车、几节电池赫然在目，小瑞上课睡觉的原因找到了。

学校规定，带手机到学校的学生要回家反省。下课后，我把小瑞叫过来，告诉他，在他的宿舍里发现了手机，按照学校的规定，他应该回家反省。

他说得很干脆：“我不回家，回家也是一个人。”我知道，这孩子的父母已经离异，又各自在外打工，孩子一人在家没人照顾，就上了寄宿制学校。如果真的让他回家，他会更加“自由”，我还真不放心。想到这里，我说：“这样吧，你和老师做个约定吧！”“约定？”他很惊讶，仿佛第一次听到这个词一样，疑惑地看着我。“你把那些东西拿来先放在老师这里，到放假的时候，再拿回去放到家里，不要再带来了。”“行！”他明白了，脸上开始有了笑意。“这可是老师和你之间的约定，一定要遵守呀。这件事只有咱俩知道，要保密！”他立刻心领神会，不住地点头。

看着他离去的背影，我心里感觉极不舒服：家里没有人陪伴他，更别说关爱他了，他感到孤独寂寞，手机和小汽车自然是他的好伙伴了，真的是很无奈的一件事情！

过了几天，我又收到了生物老师发来的信息——生物课上，小瑞睡得又香又甜。我让小瑞站在教室外面，这次，他不再为自己辩解，告诉我，他晚上老是睡不着，每天晚上都要到12点多才能入睡。我想，也许是他以前晚上经常玩手机，习惯晚睡了，生物钟一时调不过来。这个可以理解，还要给他时间加以调整，但是，必须得让他清醒一下。我冷着脸，厉声说：“你照照镜子看看，你现在是什么样子。神思恍惚、眼睛无神、头发蓬乱、面色苍白，没有一点儿青春少年应有的精气神。再看看你的成绩，在班里都倒数了。老师看着真心痛。你就这样自甘堕落吗？你不想救救自己吗？大好的年华就这样虚掷吗？”他低着头，眼泪扑簌扑簌地掉。见此情况，我缓和了语气，说：“尽最大努力赶快把作息调整过来，保证充足的睡眠，保证第二天课堂上饱满的精神状态。再就是，你感觉困的时候，就主动站起来听课，或者用冷水洗洗脸，清醒了再来上课。老师再也不希望看到你颓废的样子，这样老师心里很难过，你知道吗？”他低着头，依然流着泪，却也点头表示答应。

第二天早读，很新鲜地看到小瑞精神百倍地端坐于书桌前大声朗读。下课后，我半开玩笑地问他今天怎么没睡觉。他灿烂一笑，眼睛亮晶晶的，说：“我在用顽强的毅力克服这个毛病。”听到这话，我心里暖暖的，我要再给他鼓鼓劲，便笑着对他说：“老师看你今天这样，真高兴，这就是一个了不起的进步，相信你一定能战胜困扰你的‘瞌睡虫’，加油啊！”小瑞听了我的话乐得合不拢嘴，使劲地点头。

周五下午放假时，小瑞从我这里拿走了他的东西，他要和他的妈妈聊天，给老家的爷爷打电话。

周日下午学生返校，小瑞进了办公室，从书包里拿出手机和充电宝。我有点生气：“不是说让你放在家里，别带来了吗？怎么……”小瑞笑着说："老师，我想好了，放在家里我还是会在家里玩，您给我保存着吧！"他的话让我的心头顿时晴空万里，我暗暗自责：我这急急躁躁的脾气，误会了这颗纯真的心。

从那以后，小瑞真的精神了起来，虽然偶尔也会"老病重犯"，但比起以前已经好多了，成绩也在慢慢地提升。我知道，他在努力和自己进行"灵魂的搏斗"。

有一天，我跟好友讲了小瑞的故事，好友听后，感慨地说："每个孩子都有自己的个性特点，所以需要不同的教育方法，你就多给这个孩子一些关爱吧！"一句话言中了其真谛，让我茅塞顿开。

李镇西老师曾说过，教师对后进生真诚的爱，是转化他们的第一剂良药。真诚地尊重他们，关爱他们，进而唤起他们心灵深处向上的愿望和信心。是的，只有爱，才能让这个处于青春期的迷茫的孩子阳光起来，蓬勃成长起来！我要努力地给予他更多的关注，我相信爱的伟大，相信时间的力量，相信终有一天，我会听到花开的声音！

我和我的学生

山东省乐陵市阜平小学　崔晓楠

又是一个硕果累累的金秋，新的学生又出现在这个既熟悉又陌生的教室。这一届的六年级人数不多，当我的目光扫过这些学生的时候，看到了他——我之前教过的一个学生。由于他当时基础知识薄弱，所以家长选择让他留级，这一次，他又出现在了我的教室里。我查看了一下他的成绩，分数依然没有随着年龄的增长而增长。当我抬起头看向他的时候，目光交汇，他也在看我，我似乎在他的眼中看到了一丝光。

通过一周时间的观察，我发现，他并没有我想象中的那么糟糕，可问题也不少：不会写笔画多的字、不会听课、错字连篇。最突出的问题是不会背诵，一个早读的时间其他学生能背过一首古诗，甚至两三首，而他只能背过一句话，有时甚至连一句都背不过。手里拿着课本老是在重复地读一句话，语速很快，似乎是想在我面前表现出他读得很流利的样子，却也卡壳了很多次。一天早晨，我来到他身边，对他说："你要认真地一个字一个字地去读，把语速放慢，用心把每一个字都记在脑子里，这样试试看能不能背过。"或许平时没有教师在背诵方法上和他进行过交流，也没有人指出他这样背诵其实效率很低，当我说完后，他再去尝试背诵时还是老样子。我说："没关系，慢慢适应就好，再来。"一个早读的时间，他一遍遍地读，一遍遍地卡壳。我知道他一时半会儿改不了这个习惯，但是当早读快要结束的时候，我听到他的语速渐渐地慢了下来，卡壳的频率也越来越少了。第二天早读，我依然陪在他身边听他读。或许没有了第一次的紧张情绪，他这次的朗读居然很顺利，一会儿就读熟了一首诗。我让他试着进行背诵，虽然最后背得有点磕磕巴巴的，但还是背下来了。我向他竖起大拇指："行啊，居然背下来了。”看我这样夸赞他，他也露出了开心的笑容。以后的早读课，我会时不时地站在他身后，看到他在认真地背诵，打心眼儿里替他高兴。

什么是“差生”？我认为他们之所以被戴上“差生”的帽子，不是他们能力上有缺陷，而是他们没有找到一个适合自己的学习方法，这样就进入了恶性循环。我们应该做的并不是去抱怨“我班里的某某某，真不开窍”，而是引领他们找到一个适合他们的学习方法。“授之以鱼不如授之以渔”，用适合他们的方法去潜移默化地引导他们，你会发现，“差生”真的不差。

我的教育故事

山东省乐陵市安居小学　耿玉霞

新班级、新组合、新集体，不仅需要班主任和任课教师的引导与带领，还需要一个班长帮助教师管理班级琐事。班长在班级管理中尤为重要，选出理想的班长，教师多了小助手，学生有了好领导，更能让有管理才能的学生得到应有的锻炼。

接任四年级一个新班的班主任后，我采用毛遂自荐的方法选班长，最终说话大嗓门的女生赵同学在几个竞争者中脱颖而出。赵同学是个典型的“女汉子”，走路左右摇晃，说话声音很大，当然选她为班长的主要理由是她对班级工作的热情态度。刚上任，她就充分展现了她的管理才能，每天尽职尽责并出色地完成教师交代的任务，全班工作逐渐步入正轨，尤其是她大嗓门的优势得以充分发挥，一敲桌子，吼一嗓子，全班能立刻安静下来，学生都被她“镇住”了。

可是随着学生们之间越来越熟悉，赵班长逐渐不能服众了。一是因为她的管理方式简单粗暴，敲桌子、大声嚷，甚至上体育课时还打了两个不守纪律的学生，被告到了我这里；二是因为她成绩差，上课总回答不出问题。在班里，她的“威严”遭到了质疑，部分学生开始不服她。虽然赵班长工作依旧积极，但也陷入了困境，来找我抱怨，诉说她管理班级时遇到的困难。

赵班长的问题不仅是班级管理的问题，也是学生成长的问题，更是我的一大难题——既得让学生们信服班长，又得让班长有让人信服的能力。解决起来真困难，但绝对不能换班长，不然既伤害赵班长的自尊心，也会令全班人心动乱。经过多方面分析，我研究了一套自我觉得有效的方法。

我首先找赵班长谈心，告诉她四年级学生看问题已经有了自己的想法，遇到事不能总用“武力”解决，要讲方式、方法，和同学多交流，即使有班长的权力也不能凌驾于别人之上，要调整心态。我告诉她做班长是一个锻炼自己的好机会，鼓励她升入高年级也要竞选班干部。我和她商量说，我会在班里帮她树立威信，但前提是她要有让人信服的地方。她表示会改掉管理班级的一些错误做法。当我说到她的成绩时，她很为难。我告诉她学习好了，管理班级也会更容易，同学们也会更信服她。她毕竟还是个孩子，有表现欲望，虽然她没跟我保证要好好学习，但从她坚定的眼神里我已经知道，她已默默下定决心了。当然，我在班里也尽量保持她的良好形象，维护她的权威。

经过这次谈心，她果然改变了管理风格和学习方式。在第一次月考中，她语文考了 80 多分，数学较以前也有了进步，我趁机鼓励她，还在班里大力表扬她，这时的她是自豪和自信的。

她并没有因为这次考试的进步而让班里的学生都信服她，但我感觉她现在每天过得都很开心，也不经常找我发牢骚了。一次自习课，我趁她去开班干部会的时候，和全班同学做了一次交流：“赵班长一心一意为班级服务，是有目共睹的，她也一直在努力改掉以前不合理的做法，争取用和谐的办法管理班级。管理好一个班级是很费力的，不能因为她以前方法不当就抹杀她的功劳。她的成绩是不理想，但大家应该看到她一直在努力，也想取得优秀的成绩，让同学们刮目相看。为什么我们不给她一些时间呢？希望同学们都能以宽容的心态给她一个机会，帮助别人，也是在帮助自己。”

在以后的日子里，班里的工作轻松多了，看来学生们都有一颗宽容、善良的心。赵班长成了教师的得力助手，只要有她在，班级的事情总是井然有序的。更重要的是她的学习态度变了，以前自习时间，她只管着让别人学习，自己不学习，现在是学生们一安静下来，她自己也忙着投入学习中。一次考试，发下试卷看到分数，“老师，我语文考了 94 分！”她激动地差点跳了起来，“以前我的语文成绩从来没有超过 90 分。”趁着发奖状，我又在班里给了她很高的评价，学生们对她投去了佩服的目光。

果然好学生是夸出来的，在表扬声中，赵班长的劲头越来越足，管理班级的热情越来越高涨，学习成绩更是得到了快速的提升。赵班长的进步原因是多方面的，是她自己努力的结果，也是同学们给予包容的结果。

包容与鼓励改变了班里很多学生，班级纪律好了，团结意识强了，学习氛围更浓了。“经典诵读”比赛我们班成绩遥遥领先，作文竞赛成绩更是名列前茅，卫生区打扫得又快又干净，班里各种小活动也开展得有声有色，学生们的精神面貌也越来越好了。

其实，每个孩子都是一粒种子，只要我们用欣赏去浇灌他、用鼓励去培养他、用宽容去护卫他，将来，他定然会结出丰硕的果实。

一个特殊的作业本

山东省乐陵市挺进小学　李俊红

记得那年刚过暑假，我接手了一个新的年级——六年级。当我推开教室的门，一张张可爱的脸庞映入我的眼帘，内心有一种说不出的喜悦。我微笑着对同学们说："同学们好，我姓李，以后我就是你们的班主任兼语文老师，现在我们认识一下好不好？""好！"学生们异口同声地说。我说："同学们，我们在做自我介绍的时候都说一说自己的优点和不足好不好？""好！"学生们的热情都很高。我这样做有两个目的，一是认识一下学生，二是了解一下学生的口语表达能力。学生们都兴高采烈地介绍了自己的优点和缺点，有些学生的幽默表达还引来了阵阵笑声。轮到最后一位学生时，我看到他惊慌失措地站了起来，脸憋得通红，其他学生看见他站起来就在下面窃窃私语。我赶忙说："同学，不用害怕，大胆地说。"我投去了鼓励的目光，他看了看我，又看了看其他学生说："我叫王康（代名），优点是……"他说不下去了。有些嘴快的学生说："你还是说说自己的缺点吧，嘻，一位数，不交作业……"王康听到这些话，脸更红了，头埋得更低了。我赶忙让他坐下，从学生的只言片语中我也明白了这是一个成绩非常差、经常不交作业的学生。最后我说："同学们，你们都是老师的学生，看！（我伸出了一只手）你们就像老师的五根手指，它们虽有长有短，但是我把它们攥在一起就是一个了不起的拳头。我们团结在一起，共同学习、共同进步，那么我们这个班集体将是一个优秀的班集体！"我的话一说完，学生们便报以热烈的掌声。这时王康也抬起了头，我笑着向他点点头，他却又低下了头。

在接下来的日子里，我发现，上课的时候王康总是注意力不集中，成绩非常差，而且常常不交作业。我从其他学生那里了解到王康以前从来没交过作业，教师们都懒得管他，他各科成绩基本上都是一位数，所以大家私下里都管他叫“一位数”。我从他的家长那里了解到，王康小的时候得过大脑炎，虽然治疗及时，但多多少少影响到了他的智商，他母亲的低声哭泣以及他无助的眼神，深深刺痛了我的内心，多么可怜的孩子啊！后来，我让他在课堂上读课文，发现虽然有些难字他不会读，但基本上能读通，我想只要认得字就好办。“我一定不能舍弃这个孩子！”我在心里默默地对自己说。

可是接下来的日子让我非常苦恼，无论我怎么苦口婆心地说，王康依然是要么不交作业，要么交上来的作业是应付着写的。有个曾经教过他的教师对我说：“唉！李老师，王康就这样了，把他放到一个角落里，只要不打架就好，至于交不交作业，学不学就算了吧，反正也快毕业了。”听到这些话，我的心里一阵难过，我觉得王康学习不好的原因，并不是他的智商有多低，关键是他的学习态度不端正。也许在过去的五年中，他就是因为受尽教师们的冷嘲，受尽同学们的鄙视，才形成了现在一副无所谓的样子。这时我想到了曾经看过的一部电影《一个都不能少》，这部电影中的女主角魏敏芝是一位临时教师，她尚且懂得不能放弃一个学生，面对张慧科的调皮，她都能耐心地教育他，我又有什么理由对一个学生选择放弃呢？我想，要改变其行为，必须和他进行心灵的交流，但王康在过去的五年中是经过“千锤百炼”的，如何才能让他真的有所改变呢？我陷入了沉思之中。

终于有一天，我想出了一个办法。那一天，我兴冲冲地走进教室，把一个包装精美的礼盒送给王康，他用吃惊的眼光看着我，我说：“拿着，这是老师送给你的礼物。”其他学生都用羡慕的眼光看着这一切，王康激动地接过礼物。我接着说：“你打开看一看，老师送给的你的是什么。”王康打开了包装盒，从里面拿出一本精美的、厚厚的笔记本。我问他：“喜欢吗？”他点点头，我说：“王康，老师有一个小小的要求，我想让你用这个笔记本做语文作业。在这个语文作业本上你可以自由地写，但每天必须和其他同学一起交作业，行吗？”他红着脸点点头。我分明看到了他眼中的泪花。

第二天，当课代表把作业本抱到办公室时，我看到了那个特殊的作业本，它那么醒目，仿佛在告诉我一个孩子正在悄悄地发生变化。当我翻开它时，一句“老师，谢谢您！”映入我的眼帘，我看到王康这次作业写得很认真，尽管字不是很规范，却是用心写的。从此，这个作业本成了我和王康心灵交流的媒介。我辅导他写字词、练句子。开始写句子的时候，他有的字不会写，我就让他写拼音，通过一段时间的练习，他能自己写小短文了。每次看到他的进步，我都会高兴、激动。同一办公室的教师们和我开玩笑说：“李老师，你要让石头开花了。”我说：“我不能让石头开花，但我会让石头发挥它应有的作用！”他每次的作业下面都有我的一段评语，我还会和他说一些悄悄话，这个作业本已成了我们自由交流的天地。

我对他能写一段流利的话，甚至能写简单的小短文还不满意，一有时间，我就教给他写作方法，陪着他读文章。经过半年多的训练，那个作业本上出现了奇迹，他终于写出了篇幅较长的文章。有教师说我创造了奇迹，其实只有我心里明白，只要翻开那个作业本就会找到答案，那就是自始至终我都没有放弃他，一直在关心他、鼓励他。正如孔子说的，作为教师，我们应该“诲人不倦”，所有的奇迹不是偶然的，都是积累到一定程度爆发出来的。

光阴荏苒，一年的时间就要过去了，学生们也快要毕业了，那个特殊的作业本也快用完了。在这一年中，王康有了很大的变化，他变得活泼了，会写文章了，尽管他的文章不能算作最优美的，但他会用写作方法、修辞方法，也会写出自己的观点，字也变得越来越工整了。

近期，我让学生们在临毕业时给我写一封信，通过这些信，我可以了解学生们的心理状态。当我看到王康写给我信时，我有些吃惊，那上面分明有着泪痕。王康在信中说在和我的交流中，自己从自卑、胆怯中走了出来，感受到了生活的美好，感谢我对他的关怀……看到那一片片泪痕，看到那至诚的话语，我也是百感交集，不自觉地掉下了眼泪。我知道，是那个作业本，那个可以和我交流的特殊的作业本，改变了王康。

回想这一年自己的做法，我不只是给他买了一个作业本，最重要的是我和他在作业本上进行了交流。他在作业本上自由畅谈，不只是完成我交给他的任务，更是在和我进行对话。正是在这样的对话中训练了他的语言能力，打开了他的心扉。所以，我们作为教师，在教学中真的应该多一份至诚的关心，少一些抱怨。

最后，我想用印度诗人泰戈尔的一句话来做结束语："使卵石臻于完美的，并非锤的打击，而是水的且歌且舞。"

无声的教育

山东省乐陵市孔镇中心小学　刘　华

新学期刚开始，便迎来了镇教研室的突击检查。查到我们班时，看到70人的教室一片狼藉，地上到处是大大小小的纸片，教室后面的垃圾堆得更是不堪入目。正在上课的我，不可避免地被批评了一顿。此后，我便立下规定：学生自己管好自己凳子、桌子底下的“一亩三分地”，不管是谁扔的垃圾，只要在自己的管辖范围，就一定要清除，谁的管辖范围内有垃圾就罚谁扫地一周。立下规定之后，教室卫生真的有了改观，连教室的空气都清新了不少。可是好景不长，一个月后，有一次上课我走到倒数第二排时，发现地上又满是纸片。我刚开口说：“地上的纸……”周围的几个学生便纷纷说“不是我的”“不是我扔的”。面对此情此景，我很气愤，但我也沉默了。我在反思，学生们怎么变成这样了呢？地上有了垃圾，学生们的反应不是赶紧把它捡起来，反而是不约而同地推卸责任，毫无集体责任感。

沉默后，我决定以身作则，用实际行动来教育学生们。我俯身把地上的纸片捡起来，扔到垃圾桶里，捡完那一小块地方我并没有停止，我要把教室里能看到的垃圾全都捡起来。就在我一言不发默默捡垃圾的时候，许多学生，包括刚刚推卸责任的几个学生，都陪我一起捡起来。我看着他们，并不说话，他们也看着我，我能感觉到他们仿佛明白了什么。机灵的课代表说：“教室干干净净就是好。老师，以后我们再也不随地扔垃圾了！”“是呀，是呀，老师都捡垃圾了……”此时，我顺势发言：“刚刚几位同学的做法令我很气愤！我们都在这个班集体中，都是这个班集体的一分子，这个班级的一丝一毫与我们每个人都有着不可推卸的责任。生活在集体中，就要有集体责任感……”自此，我们班再也没有出现过满地垃圾的惨景了，反而有时会听到“你桌子底下有垃圾，快捡起来”的声音。

这件事，不仅教育了学生，对我也有所启发。面对那几个学生的反应，如果我只是凭一时气愤惩罚了他们，或许他们只是屈服于我的威势，不能明白什么是真正正确的做法。而我这样身体力行、有耐心、有诚心的行动，不仅避免了对学生发火，也有效地教育了他们，这才是最有智慧的教育。

经过此事，我深深地感受到了什么是“教学相长”，我刚刚工作一年，同学生一样也是亟需成长的，愿我与学生共同成长。

童心童趣

山东省乐陵市孔镇弭家小学　宋心峰

来到学校近两周了，按照新学期的工作计划，今天的教研活动是听课、评课。我和听课教师们走进了五年级（1）班的教室，准备听宋晓霞老师的语文课。

因为还没有上课，我走出教室，看见几个学生在跳绳，于是我便加入他们的游戏队伍中，也跳了几个。学生们都好奇地看着我，好像在说："哎，新来的校长还会跳绳啊！"

叮铃铃……课前小预备铃响了，我再次走进教室，坐在座位上，等待宋晓霞老师的到来。

随着上课铃响起，宋晓霞老师神采奕奕地走进教室，大步走上讲台。课堂的各个教学环节她已上的得心应手，学生们配合得很好，表现得积极活跃。

在宋晓霞老师领读课文的过程中，我扫视全班，想看看学生们的坐姿怎么样，读书姿势怎么样。无意中眼光落在一个小男生身上，这不是那个"调皮"的小男孩吗？曾经的那一幕幕浮现在我的眼前：

学期初，因为工作的需要，我调离原单位，来到了这个新单位。有一天早晨，我早早地来到学校，习惯性地在校园里慢慢转悠，以便发现问题并解决问题。不一会儿，学生们陆续来到学校，走进教学楼，走向自己的教室。就在此时，我发现一个小男孩骑着一辆崭新的山地自行车，在校园里"急速"地奔驰着，然后就转到教学楼后面，消失不见了（其实是去教学楼后面摆放自行车，我看不见了）。

放学后，我站在学校大门口，又看见了那辆崭新的自行车飞速地从教学楼后窜出，冲向学校的大门。因为放学时大门口学生较多，比较拥挤，自行车突然刹车，小男孩稳稳地踩在了自行车的脚蹬子上。我没有说话，只是看看他，他也没有理会我，扬长而去。我想：这是哪个班的学生呢？这样“疯狂”？

第二天下午放学的时候，我仍站在学校的大门口，这次又看见了那个小男孩。我拦下他，说：“以后不能在校园里骑车，当心撞到同学们。”“没事儿，我的骑车技术高。”说完又消失在学生和学生家长混合的大队里，我想我得找个合适的机会教育一下他。

……

今天上课，我得看看这个小家伙的表现，看看他是不是属于顽皮的学生。通过课堂来看，这位学生表现得很好，读课文很有感情，书写生字也很规范。

下课后，我把他叫到身边，问：“你叫什么名字？”“小亮（化名）。”他毫不畏惧地回答道。“小亮，老师问你一个问题，假如再叫你在校园里骑自行车，你还骑吗？”“不骑了。”“为什么？”“您说了，在校园里骑车，要扣班级的分数。现在文明岗的同学们都在监督，我可不想叫同学们埋怨我，叫老师批评我，那样也会让我们班级丢了‘文明班’的荣誉。”说完，他向我做了个鬼脸，跑着和同学们做游戏去了。看来，小亮同学虽然活泼好动了一些，却是个很有集体荣誉感的学生。

走在回办公室的路上，我回想着小亮的话，感慨万千。“亲其师，信其道”的道理充实着我的头脑。是啊，一个好教师对孩子的影响有多大啊！好教师能带领学生走上一条阳光大道，帮助他们改掉身上的各种不良习惯，剥掉他们身上长出的各种“荆棘小枝”，把他们培养成有用之才。我决心以此案例，让全校的教师们一起做学生心目中的好教师，把我们的校园变成一片培养学生健康成长的沃土。

信任的力量

山东省乐陵市丁坞镇中心小学　田晓玲

“田老师，您看这个学生能留下吗？他叫小辉（化名），是刚从私立学校转过来的，家长说已经转过三次学了，不但成绩差，生活习惯也差。其他老师都不愿意留下他，您看……要不……”刚走出教室，校长便叫住了我，悄悄地对我说。

我仔细打量了一下眼前这个学生，见他染着黄色的头发，手上还纹着“LOVE”的字样，穿着个性的服装，一看便知道是个“另类”。我刚想说“去其他学校吧”，却发现这个学生正用恳切的目光望着我，到嘴边的话就咽了回去。“我想你会成为一个好学生的。”我言不由衷地说。“谢谢您，老师，谢谢您给我这次机会，我一定会好好表现的。”小辉给我深深地鞠了一躬！

我想这个学生的背后一定有故事，所以，我便对其进行了长时间的观察。一次大课间，我去班里，发现小辉周围里三层外三层地围了许多学生，原来他在讲过去他和老师的“斗争史”，出于好奇，我也在外层坐下听了起来。“原来我经常和老师作对，老师一在黑板上写东西，我就冲全班同学做鬼脸，老师一回头，我就装作若无其事，这样，他的课就甭想上好了……”听后我便悄悄离开了。我想：要改变这样的孩子，必须得先走入他的内心。

之后，我便经常找他聊天。从他口中得知，他的父母常年在外打工，一年回不了几次家，所以，他一直跟着奶奶生活，奶奶很爱他，什么事都依着他，而他的妈妈从小对他的要求就特别严格，一考不好就批评他，甚至打他。一次，小辉把裤子挽起，我看到他的腿上青一块紫一块的。我有些心疼，问他：“疼吗？”小辉满不在乎地说：“老师，别担心，我已经习惯了。”看着小辉的表情，我陷入了沉思：“问题孩子”的背后，肯定有问题家长。

通过观察，我发现小辉上课捣乱只是想引起教师及同学们的关注，爱打架是因为对学习不感兴趣，字写不对、成绩太差使他丧失了学习的自信心。但除了一些坏习惯外，小辉还是有很多优点的。为了更进一步地了解小辉，我便和他约好了写心灵日记，让他把想说的话写在日记中。我发现他很喜欢用这种方式交流。为了能有时间写心灵日记，他会早早地把作业写完，有时在自习课上，他也会跑到讲桌前和我说话。后来有一天，他在日记本上写下了这样的话：“田老师，您能当我的妈妈吗？我真想有一个您这样的妈妈。”我回复道：“当然可以，只要你愿意。”小辉看到我的回复后很高兴。随着了解的深入，我发现他组织能力很强、爱面子、讲义气，还喜欢打篮球。于是，我让他当了班长，还让他组织了班级篮球队。事实证明，他是很有能力的，班级管理得井井有条，篮球队带得也很棒，就连最令人头疼的学习成绩也提高了，用小辉自己的话说：“老师，原来学校生活这么快乐啊！”

“亲其师，信其道”，正是我对他的信任，才使他发生了可喜的变化。可好景不长，小辉的坏毛病又暴露出来了，他偷拿了奶奶的100元钱。我了解到此情况，便给他做思想工作，我说：“你相信老师吗？这钱先存在老师这儿，只有我们两个人知道，我替你保密，保证不向其他人讲。”我们拉了勾，我替他保守了秘密，他很感激我。之后，他不但没有再犯过同样的错，还越来越听话了。一次班会上，他流着眼泪对我说：“感谢老师对我的教育，我愿意永远做您的学生。”

看着小辉的变化，真庆幸自己当初没有把他拒之门外。突然想起最近刚刚看过的曾军良校长的《高效学习方略》中的一句话：“在这个世界上，没有教育不好的学生，只有落后的教育方法和暂时落后的学生；也没有不适合学习的学生，只是一些人暂时没有找到适合自己的学习方法。”我坚信，对小辉这个孩子我找到了正确的教育方法。

我信任学生，学生也就信任我了。在教育这条路上，但愿信任之花能在我和学生之间绽放。

一个特殊的生日

山东省乐陵市孔镇滕家小学　尤林燕

2015年1月23日，那是个特殊的日子，我做了一件特别有意义的事情，这件事得从那天中午的一个电话说起。

陈同学的奶奶打电话来对我说，我们班的马同学要过生日，不但让同学们送她礼物，还要求每人拿出至少2元钱凑钱去买蛋糕，并相约周日去她家。因为陈同学也在被邀请之列，老人担心孩子路上不安全，于是打电话和我说了此事。放下电话，我沉思良久，发现现在的孩子思想太复杂了，一个刚满十岁的孩子，怎么会想出这样的办法，明着向同学们要礼物呢？我又该怎么办呢？

于是，12:30我就坐在了办公室里想一个既不能伤了马同学的自尊，又能让她过一个快乐的生日的办法。

12:50，我见部分同学到校了，便先后叫了几名被邀请的学生问明情况，不问不知道，一问竟然发现是误会一场。他们哪里是思想复杂呢，非但不复杂反而单纯得很，我很庆幸没有劈头盖脸地批评他们一顿。原来，他们只是单纯地想一起凑钱热闹热闹，疯玩儿一天，至于那两元钱也不是马同学向他们索要的，而是他们自己商量得出的结果。而且你们肯定猜不出他们要去哪儿？麦子地！原来他们把这次生日会办成了一次郊游，买糖的、买饮料的、买瓜子的，大家凑的钱再买个蛋糕。我心想，这怎么行呢？毕竟他们都是孩子，怎么能让他们养成这样的习惯呢，而且也不安全啊。其实这时候已经有好几个人打退堂鼓，不打算去了，为此马同学还哭了。

后来，我把马同学叫来，一没有批评，二没有责骂，只是告诉她：我们应该选择一种适合我们的方式去过生日。她哭着离开了，不过这时我心里已经有了办法。

第四节课时，我对学生们说："今天我们班有一位同学过生日……""马同学。"没等我说完，学生们就抢着说。这时我特意看了马同学一眼，很显然，她并不开心，或许还在因为我破坏了她的计划而耿耿于怀呢，于是我接着问："那我们应该怎样为她庆祝生日呢？"答案自然五花八门：唱歌、送礼物、买蛋糕、周日去她家……我顺势引导："同学们之间的友情我看到了，可是仔细想一想哪一种方式才更适合你们学生的身份呢？"经过讨论决定：全班的学生给马同学唱生日歌，并送上自己亲手制作的贺卡，写上对她的祝福。自然我的礼物也是不能少的，我拿出早已准备好的笔记本，送给了她。她又哭了，但我知道，她已经意识到自己原来是被同学、教师的爱包围着的，这次哭，她是高兴的、幸福的。

第二天一早，我走进教室，发现讲桌上放着一张卡片，上面写着几个大大的字：祝尤老师幸福快乐！翻开来，里面写着："老师，昨天是我最开心的一天，您就像妈妈一样爱着我。"此刻，我抑制不住内心的激动，眼里已经有眼泪在打转，我知道，昨天我做对了。

从那以后，我会特意记住每个学生的生日，并在他们生日那天送上最真诚的祝福。我坚信，我和学生们会更加快乐、融洽地生活、学习在一起的。

"数学帮"覆灭记

山东省乐陵市丁坞镇乐福小学　于东明

人的可贵之处应该在于有自己的思想，并在与他人思想的碰撞中使自己的思想得到升华。教师每天面对的是有着自己思想的孩子们，我们身为教师的工作就是帮助他们形成正确的思想观念，纠正他们错误的想法。

在我们班上有两个数学课代表，数学成绩都很好，数学老师很欣赏她们。或许是教师的偏爱令她俩有些飘飘然了，在同学们面前有点趾高气扬的，张嘴闭嘴就是"数学多好学呀""这题这么简单，你真是……"班上的同学们给她俩取名为"数学帮"。再后来，她俩竟连班长都不放在眼里了，由于班长数学不是很好，她们就故意向班长挑衅，还说一些过激的话，气得班长直掉眼泪。更糟糕的是有些学生也随着向班长发起了挑衅，不听班长的指挥，造成了班级纪律的涣散，甚至有学生等着看好戏，真是"说书的不怕乱子大"。面对这种情况，我也很着急，对这些学生的表现感到失望，真恨不得立刻采取行动用严厉措施使局面平静下来。但理智告诫我一定要冷静，武断的做法不但解决不了问题，还可能把事情搞得更糟糕。当我静下心来，分析了一些学生的日记后，逐渐地找到了问题的根源。

其一，在三个平行班中，我们班的数学成绩名列第一，语文成绩不是第二就是第三。数学老师的要求非常严格，我教语文的风格则属于轻松愉悦的，平时很少布置作业。我的做法受到过这两个数学课代表的批评，她们认为对待学生就应该严厉，这样才能保证成绩的提高。我从心里也感受到了这样的批评有其合理性，她们这样说也是源于对班级荣誉的维护。我曾在班上对她们的建议做过肯定的表态，并鼓励她们继续给班级提出好的建议。我也坚信自己的教学方法终会被学生们认可，并取得实效，但这需要一些时间。有的学生意气用事，争强好胜，也是可以理解的，但没想到的是这两位学生的想法会向偏激的方向走这么远，竟然用向班长挑衅的方式，表达自己的不满。

其二，班长的数学成绩不是很好，落后于她们，听从于不如自己的人，她们心里有些不服气。但是班长是通过学生们的选举产生的，这位班长也是位女生，人缘不错，对待同学热情，对待工作认真负责，考虑问题也是比较全面的。数学成绩提升慢一直是班长心中的阴影，最怕别人提起。其实，她的数学成绩并不是很差，只是不如这两个数学课代表的成绩好。以此来看，可能是一种嫉妒心在作怪，才使得她们挑衅行为的形成，她们哪里知道，班长一职并不是只某一科的成绩好就可以胜任的。错误的观念导致发生了错误的行为，引发了不必要的冲突，给教师的教学工作带来了影响。我在和班长研究问题产生的原因时，班长自己也意识到了来自同学们的挑衅，她很冷静，只是轻轻地点点头，说她明白了，表示她会尽力做好这两位同学的工作。

其三，班长在班级工作中有的处理方法存在问题。在学生们的心目中，班长是教师眼中的“红人”，是教师安插在学生中间的“眼线”，她会把学生们的所作所为通通告诉老师。尤其在一些爱犯错误的学生心里，对班长，既有些惧怕，又有些反感，于是当有人向班长发起挑衅时，他们也会跟着凑热闹。另外，人一旦有了成绩，骄傲的种子就会生根，班长也是普通人，说话做事可能有些优越感，这就会刺伤一些心理敏感的学生的心。为了把班级的学习成绩提高上去，作为班干部，班长的心里很着急，做事的方法有时比较简单，甚至有些粗暴。再有一个问题就是，班长大包大揽的工作作风，使得每个学习小组的组长工作力度减弱，这种情况下，小组组长就会生出破罐子破摔的心理：反正是你班长愿意管，那你自己管好了，成绩好了老师夸奖你，就是不好也怪不到我们头上。工作中这种责权不明确的问题也导致了班级不能形成一种合力，阻碍了学习成绩的提高，更重要的是影响了学生们良好心理品质的形成。

问题的根源找到了，解决问题却是一个缓慢的过程。首先，我和班长交流了班上的实际情况，分析了存在的问题，明确了班长和学习小组组长的职责范围——希望班长在工作中尊重各个小组组长的工作，不能越权行使权力。接着，召开了学习组长会议，统一了思想，明确了职权范围，说明了对组长考察的要求。经过努力，终于稳定了班级中的局面。虽说偶尔还能听到个别同学挑衅的语言，但也没有造成什么冲突，班级氛围逐渐变得和谐起来。在期中考试后，班长的数学成绩名列全班第二，我所教的语文，平均分排名年级第一，曾经向我的教学方法提出批评的学生从此再也不作声了。

由于这是小学毕业班，教师对成绩的要求很严，并提前结束了课程，开始进行全面的复习。每天不是试卷，就是习题，学生们都有些厌倦了，经常在日记中抱怨，但是，我的语文课堂依然充满着欢乐的笑声。曾经被大家称为“数学帮”的两个学生，在日记中也写出了她们的感受：“原来我的语文成绩不好，我讨厌语文课，现在我觉得语文课很有趣，语文成绩也提高了，我发现自己越来越喜欢语文课了。”很久没有听学生们反映“数学帮”的两个学生对班长说挑衅的话了，她们也在悄悄地发生着变化，不知不觉中“数学帮”覆灭了，成了一件往事。

走廊里，我牵起了他的手

山东省乐陵市大孙乡中心小学　张立敏

毕业十年，任教十年。与学生相处，有欢笑也有泪水。可真正要让我说一说与学生之间的故事，却一时无语，不知该从何说起，一幕幕从脑海中闪过，仿佛就在昨天……

晚上闲来无事，我们几个同事坐在一起聊起了“育儿经”：父母是孩子的第一任教师，父母的言行对孩子的影响是最大的。我听来深受触动，也让我想起了几年前的他——聪颖、爱玩的他。

第一次见他，他正孤零零地站在走廊里，我上前询问才得知，他不知道自己被分在了哪个班。细问之下，才知道他没有参加期末考试，分班名单中没有他的名字。跟校长反应后，与各班班主任进行商议，看看能把他分到哪个班级，结果却让我大吃一惊，四个班主任居然没有一个做出回应。当时有特殊情况的学生都分在了我们班，本身班额就比其他班级大，所以我们班并不在接收新生的班级范围内，但在这种情况下，校长又一次找到了我，问我可不可以把他领到我们班，带着疑惑我接下了这个任务。事后我才了解到，原来之前的几年他一直是在逃学、打架、上网吧中度过的，可以说是学校有名的“问题学生”，奇怪的是，我居然不知道，用同事们的话来说就是“已经习以为常，也就没特意提过，你这两年在中学那边教书，这边的情况不熟悉，所以不知道”。

从那天以后，我便开始了与他的“斗智斗勇”。开始一段时间，他表现得很好，按时上下课，按时完成作业，一切都按部就班的，可不到两周便原形毕露了，逃课、上网吧成了家常便饭，打电话找家长永远都是无人接听的状态。终于在一次逃课时，被我们班另一位学生的家长看到，转告给我，我便跑到集市上将正在逛街的他“逮”了回来。这一次我没有批评他，而是通知他的父母来一趟学校。来的是他的母亲，寒暄过后，我直入正题：“今天您儿子没有来上课，您知道吗？”“我知道，他病了，他爸带他看病去了。不好意思啊老师，没跟您请假。”我愣住了，我怎么也没有想到他的妈妈会给我这样一个答案。我请同事到班上将他叫了过来，看到突然出现在面前的儿子，他母亲的脸一下子红了，低头不语。“我怎么也没想到，您会帮着孩子撒谎，您就不担心他一个人在外面出点儿什么事吗？您既然知道他没来上课，也一定知道他去干什么了，这就是您爱孩子的方式吗？您这是在害他！”气急的我禁不住批评了她几句，他的母亲表情讪讪的，却也对我表达了管不了孩子的无奈，最后，只得将他在外地打工的父亲叫到学校来，一番恳切的谈话后，他父亲向我保证，今后一定不会再发生类似的事情。

从那以后，我几乎每天都找他谈心，跟他聊天，渐渐地，我们之间的关系不仅仅是教师和学生的关系了，更像是朋友了。从他口中我知道了，原来他的妈妈每天只知道打麻将，每天给他钱让他自己买饭，他逃学，他的妈妈不仅不管，教师问起还帮着撒谎，久而久之，他便觉得逃学没什么大不了的了。听到这些，我只觉得心里酸酸的，这孩子也许只是在寻找一种存在感，渴望得到家长的关怀罢了。

为此，我比以往更加关注他了，他的每一点进步，我都会在班上进行表扬，他的每一次改变我都会给予鼓励……渐渐地，他在教师和同学的眼里变了样儿，那个调皮、逃课、上网吧如家常便饭的他，成了一个聪明、懂事、有礼貌的好孩子，学习成绩更是让所有人跌破了眼镜，从原来的二三十分提高到了后来的八九十分。所有人都在感叹，原来变好也可以好到“吓人”的程度。现在和他谈起以前的事情，他还会腼腆地低着头笑，引一句校长的话概括他现在的状态：“原来他也知道害羞，这还是以前的他吗！”

我告诉他，我喜欢现在的他，心疼以前的他，我更希望看到将来的他，一个充满希望与信心的他。一年的时间，他的成绩从全班的倒数，进入到全班前十名，毕业离校的他再回来时对我说：“老师，一年前您在走廊里牵起了我的手，逃学后您对我的不离不弃，这才有了今天的我，我才有脸回来看您，要是当时您放弃了我，对我不闻不问，也许我早就不读书了。”

我想说：家长的言行有可能会影响孩子的一生，给孩子树立一个好榜样是何其重要啊！而对于孩子来说，他们的一些叛逆行为也许仅仅是为了引起家长的注意，得到家长的关心。教师和家长的沟通不能仅仅停留在他们的学习成绩上，更应该关注他们的心灵。在孩子的成长过程中，家长的影响固然重要，教师的引导也必不可少。

这个案例之所以令我难忘，是因为我很庆幸当时自己牵起了他的手，没有因为他人的评价先入为主地为这个孩子定性，更没有在他妈妈那种无作为进行“放逐”的情况下，选择放弃他，所以才有了后来那个乐观向上并最终取得好成绩的他。

铁树开花分外妍

山东省乐陵市教育局教研室　张书才

教师们往往会以某些优秀的学生为荣，这些学生文明守纪、才华出众、成绩突出……他们让教师放心、省心、开心。同时，教师们更会因一些“问题学生”而煞费苦心，而这些学生或自控能力差，或不良习惯多，或学习有困难……他们需要教师特别有爱心、细心、恒心。

几年前在送走了一批小学毕业生后，我接手了一个四年级新班。让我最先认识并有所了解的学生就是他，到现在我的脑海中还储存着关于他的一些事情，那是我教学生涯中面临的一次巨大挑战。

享受特殊待遇的“班宝”

他每天总是最后一个走进教室，下课后肯定会去厕所；他下楼时必须扶着栏杆，走路跟不上队；他最大的喜好是乱涂画、撕纸片，桌洞里与地面上经常一团糟；他特能睡觉，教师上课最清静的时候就是他睡着了，有时早晨伴着同学们的琅琅书声，也能酣然入睡；他不爱说话，但冒出一句不是乱嚷，就是脏话；他根本不会听课，也从来不写作业；你与他说话得看他的心情，有时一言不发，有时点点头，有时半天“嗯”一句，很难判断他是否真的听懂了。

正是如此，教师们把特别的“爱”给了“特别”的他。上课困了可以睡觉、作业可以不写、下课有人帮他捡拾杂物、放学有人帮他整理书包，甚至当他骂人时，也不能与他计较，可以告诉教师来处理。班里没有一位学生嘲讽、欺负他，而是尽可能地去帮助、照顾他。他在班内成了享受特殊待遇的“班宝”。

让人心痛的格格不入的表现

他是班里的学生，可是他在路队、卫生、纪律、学习等方面的表现同学校与班级的规范格格不入。他的一言一行，我看在眼里，更痛在心里，也使我深深地感到忧虑，对于他，我该怎么办呢？

刚入冬时，学校的后勤主任与水暖工到班内检查暖气情况。工人师傅看到他正靠着暖气片，趴在桌子上呼呼大睡，说了一句：“这样他不容易感冒吗？”我又何曾没这样想过呢？其实，我也曾想要改变他嗜睡的习惯，第一次上课时，我就发现他在睡觉，就曾千方百计地想要叫醒他，结果他困得睁不开眼就乱嚷嚷，导致我无法继续上课，有时放学了还需要叫醒他呢！

有时下课后，他会站在某位学生的桌子旁边不走，等一会儿，便拿起那位学生的笔走出教室，知道是他拿走了笔，等他回到教室再问时，笔却没有了。有一次，我走进教室正准备上课，一名女生哭着对我说他拿走了她的笔。当我问他时他却没有反应，我只好警告他：“不准乱拿别人的东西，否则就要用你的笔赔给别人。”

有一次，周一升旗，大家都排队下楼了，他还没来，我便派一名学生去教室里找找他。可升旗结束了，他俩都没有下来。回到教室，我问那位学生为什么没去参加升旗仪式，那位学生满脸委屈地说：“我让他下去，他不听，我去拉他，他就踢我，就只好在班里陪着他了。”

他不困的时候，喜欢乱嚷嚷。有一次，数学老师回到办公室就与我讲：他这节课表现得太不好了。除了自己乱嚷嚷，扰乱课堂秩序外，当提问某位学生时，他还重复叫那位学生的名字，一直捣乱，对他真是没有办法了。

考试发下试卷，他做题的方法一般靠蒙！有空格的点一个点就万事大吉了。有一次语文检测，整张试卷他就只写对了一个字，得了 1 分！很多教师都同他的家长交流过，回答是没有办法，也向学校进行过反映，领导早已对他的情况有所了解，结论是只能特殊对待，静待花开。

终于绽放出生命的光彩

他是我的学生，真的无法改变他了吗？对他只能这样放任自流吗？当然不能，可是，改变他的突破口在哪里呢？我无数次地扪心自问！

他能主动捡纸了！

他的桌子下面经常有一堆杂物，从不主动去捡，教师和学生们不知道已经提醒过他多少次了，每告诉他一次，他才捡一次。为了确保班内整洁，每一个课间我都会派一位值日生检查、督促他将杂物捡拾干净。后来我想，能不能让他主动捡拾呢？

有一次课间，他的文具盒掉在了地上，我走过去帮他捡了起来并告诉他：从这次开始，如果东西不小心掉在了地上，自己不主动捡起来，被我发现后，我就捡起来没收了。他愣了一下，却也没在意。上课了，他的语文课本掉下去了，他发现了没去捡，我故意没有提醒他，等学生们做作业时，我走过去悄悄地捡起来，放到了讲桌上。放学后，他坐在座位上不走，我问他为什么，他一言不发，只是看着讲桌上他的语文课本。“是不是想要你的语文课本呀？”我问。他点点头。我对他说：“我曾经告诉过你，掉了东西要自己主动捡起来，这次还给你，下次自己再不捡，就真的不给你了。”

从那以后，他真的知道自己捡东西了。当他不知道时，提醒他后他捡得非常迅速。对于他的这一进步，我在班里郑重地进行了表扬。现在他掉东西的次数也减少了许多，他的这一改变让我看到了一丝希望的曙光。

他带土豆丝来了！

有一次，我们班要去多媒体教室上家政展示课，我想到了他：能遵守纪律吗？不会再睡着吧？是带他一起去，还是让他去办公室让别的老师帮助看一会儿？正在犹豫之际，他走进了教室。我便问他：“你是跟着一起去上家政课，还是去办公室找数学老师。”他沉默不语。我又问了一遍，他仍然不作答。这时，一名学生说：“老师，他带土豆丝来了！”我一看，原来他手里拎着一个方便袋，藏在了身后。我感到很吃惊，对他说：“去上家政课吧！”更令我想不到的是他双手一握拳说了一句：“耶！”从他的语气中，我感受到了他那份强烈的渴望与喜悦。同时也让我改变了对他的看法，增强了改变他的信心。

他开始写作业了！

怎样才能让他开始学习呢？我想了想，不如给他单独布置一些较简单的“特殊作业”试一试。我对他说：“从今天开始咱们要学习了，行吗？”毫无反应！我接着说：“每天只要我在教室，你放下书包后先把作业主动交给我，知道了吗？”第二天，他刚一进教室，我就让他把作业拿过来，他却根本没反应。“是没做吗？”他点了点头。我对他说：“今天上午补上。”上午放学时追问他，还没写，便让他中午带回家补上，下午来问他又没写，这次的原因是没带笔回家。

办公室的教师劝我不要跟他白费力气，也不要对他抱任何希望了。可是，我想万事开头难呀，决不能就此放弃，就叮嘱他晚上继续写这次的作业。第三天，我不抱多大希望地问了他一下，他竟然写完了。太出乎意料了！我想还不能松懈。一次、两次、三次……到今天已经连续五天做完作业，真是太了不起了！他这样的改变让我兴奋不已。

他不好意思地笑了！

在一次班会上，我将他请到了讲台上，并郑重地呼吁：“同学们应该向他学习！”当时，全班一片哗然，满脸的不解。我接着说：“同学们，大家不要认为自己的表现比他强、习惯比他好、成绩比他优，就什么都比他强了。他有两点很值得大家学习：其一，他是全班进步最大的。由原来的撕纸多到撕纸少，由不知道捡到主动捡，由过去的不写作业到现在的写作业，这不是最明显的进步吗？想一想，你们的进步有多大呢？其二，他在关键时刻从不耽误事儿。每次填表、交费，他从来不会忘，也不会弄丢。相反有的同学总是或忘在家里，或找不到了，大家想一想对不对？”

这时学生们不由自主地鼓起了掌，而站在讲台上的他不好意思地笑了，笑得很甜、很美。

他真的进步了！他的改变，让我真正地明白了：铁树开花会有时，铁树开花分外妍。从此以后，我坚定了信心要基于问题寻求破解之道，并努力挖掘教育的真谛，努力做一个勤奋工作并善于思考的智慧型教师，将一个个“？”拉直变成“！”，去感受教育带来的精神丰盈与心灵愉悦。

听课回响

语文，是一个诗意盎然的学科。作为教师，要通过自身的教育艺术，努力让学生栖居在诗意语文这片广袤的大地上，去感受她内在的美丽。都说“艺术源于生活”，但对于教师来说，教育艺术不仅源于生活，更源于书香。与书相伴，使我们站在巨人的肩膀上去审视教学；与书为友，使我们跟随旋转的笔尖去诉说心扉。在书籍的引领下，我们思考课堂、反思教学，去践行、去创新。久而久之就会发现，课堂不再枯燥乏味，已变得生动活泼起来。教学方法也从单一陈旧走向了系统多元。我们在书中汲取古今中外教育名家的智慧，举一反三、因材施教，来润泽每一位学生的心灵，让他们从一棵棵小树成长为一片森林。教育是一个漫长的旅程，欣赏风景的过程中不要忘记：让书籍陪伴左右，让阅读改变课堂，让心灵在书香中徐徐穿行。

灵动和谐，言意兼得

——观虞大明老师讲解《珍珠鸟》有感

山东省乐陵市教研室 吴 健

在全国第五届名家人文教育高端论坛暨名师课堂研讨会（小学）上，虞大明老师用两篇不同类型的课文进行教学，让与会者从多个角度领略了这位小语名师灵动和谐的课堂风采。现以《珍珠鸟》的教学为例来谈谈我的感受。

善读生活之书，学做有心之人

导课时，虞大明老师引用几段话来提醒学生：要读好“生活之书”，做生活的有心人，善于观察和发现，并用文字记录下自己对生活的感悟。这样的导入设计，既点明了语文学习离不开对生活的感悟和积累，又引出了《珍珠鸟》作者冯骥才的写作背景，从而使学生带着好奇和思考开始了对这篇课文的学习，可谓一箭双雕。而课尾，再一次提醒学生要读好“生活之书”，可谓画龙点睛。

体现授之以渔，进行学法指导

《珍珠鸟》是一篇略读课文，相对于精读课文，对略读课文的学习要用不同的方法。虞大明老师首先出示了“略读课文学习策略”：凭借“快速浏览”，抓住主要问题进行大略地学习。也就是要快速地默读，达到“一目十行”；然后，又引导学生找出这篇课文的中心句——“信赖，往往创造出美好的境界”；最后，指导学生就这个句子提出了一小一大两个问题：

"美好的境界"指的是什么？为什么美好的境界是由"信赖"创造的？还使用提问同学的名字分别命名为"王肖宁问题"和"曹文魁问题"，并幽默地说："我们先集中火力解决掉王肖宁，再来解决曹文魁。"虞大明老师通过以上三个步骤，巧妙地教给了学生学习略读课文的基本方法，不得不为之叹服。

品味重点词句，注重语言训练

首先引导学生画出课文中最能体现"美好的境界"的一段，并从中找出两个重点词语——"居然""竟"，让学生体会作者用词的准确、巧妙——使用这两个词语更能表现出人与鸟和谐相处的美好景象；然后再用添词的方法，把两个词语移植到后面的句子中，即"我轻轻一抬肩，它（居然、竟）没醒，睡得好熟！（居然、竟）还咂咂嘴，难道在做梦？"，通过这样的方法，使学生学会更深入体会课文意境的方法，强化学生遣词品句的意识。

另外，虞大明老师还指导学生从文中找出写作者对珍珠鸟的呵护以及表现珍珠鸟变化的句子，并学习使用"越来越"这个词来概括和表述人与鸟之间这种和谐相处的画面，即人对鸟越来越呵护，鸟对人越来越信赖，从而为下面的师生对话做好准备。

巧妙设计对话，体悟文本内涵

在这节课的教学中，我觉得设计得最巧妙的就是师生之间的对话，也就是把描写作者与鸟的句子穿插在一起，形成师（作者）生（珍珠鸟）之间的对话形式，利用师生配合读这一手段，引导学生进一步读出字里行间透露出的那份"信赖"，说出"只有人'呵护'鸟，鸟才能'信赖'人"这样深刻的感受。到此环节，听课者大都以为已经达到了使学生读懂课文的目的，但没想到虞大明老师反其道而行之，转变了作者对鸟的态度，变善待为厌烦，再读下来，学生就会逐渐体会到文本所蕴含的思想情感：只有人善待鸟，鸟才会亲近人，才能创造出人鸟和谐相处的"美好的境界"来。

感受想象艺术，体验写作精妙

一篇美文之所以能使读者百读不厌，离不开作者独特写作方法的运用。而“领悟文章的基本表达方法”，是语文课程标准中规定的高年段学生重要的阅读目标。虞大明老师通过指导学生理解“啄着书背上那些大文豪的名字”这段话，使学生了解“想象手法”在写作中表情达意的作用，感受作者刻画动物形象的生动传神。然后引入老舍先生的《猫》以及俄国作家叶·诺索夫的《白公鹅》，通过带领学生对“小梅花”和“官司”这两个词语的品读，领会作家高超的想象艺术的运用，从而为学生今后的习作打下良好基础。

虞大明老师的课堂教学艺术可谓精湛，不仅指导学生学习、运用了语言文字，而且使学生在亲近文字的过程中，体悟了作者（编者）所要传达给我们的那种和谐美好的境界，可谓言意兼得，达到了工具性和人文性的和谐统一。

繁华落尽见真淳

——山东省乐陵市小学语文“高效课堂”观摩比赛感记

山东省乐陵市教育局　李　超

四月的枣城，春寒料峭，可是追求卓越的乐陵小语人所感受到的不是冬的余威，而是春的气息——追求朴实、扎实、高效的小语课堂，山东省乐陵市小学语文“高效课堂”观摩比赛的举行正是在这种期待中进行的。作为评委之一，在此谈谈我的个人感受。

改变在悄然中发生

此次观摩比赛以崔峦老师有关小语教学的“四加一”为唯一评价标准，即落实年段学习目标、夯实识字写字教学、加强语言文字运用、教学过程中要能呈现学生真实的学习过程。这样的标准不仅体现了对语文本真的思考，更是对语文灵魂的呼唤。语文，语言加文字，语文教学旨在让学生借助语言文字去理解内容、体悟情感，加强语言文字训练，在运用语言文字的过程中形成语文能力，养成语文习惯，感受母语的博大精深。理念的回归和引领促使很多有思想的教师对自己的课堂进行着有益的雕琢，一些可喜的改变悄然发生了。

改变一：精品教案陡然增多。较以往的比赛，单从教案来看，教师们课前的“头脑风暴”展露无遗。从目标的设定到重难点的确立，从制订教学的大框架到细节的预设可谓详尽。突破重难点的手段可谓匠心独运，如李俊红老师的习作指导课中“资料积累卡”的巧妙运用、卞立贞老师习作课中很有深意的“游戏设置”等，所有这些足以说明教师们都在真正地思考语文，琢磨教学，而这才是最可贵的。

改变二：识字写字教学得到了彻底加强。在比赛中，所有的阅读教学，不分学段，都把识字、写字放在了首位。听着学生们的朗读声，看着教师们的悉心指导，心中感慨良多。面对令人堪忧的小学生书写现状，这样的课堂定位是多么重要啊！中国人一定要写好中国字，理解、辨析、积累字词的过程亦是情感熏陶的过程，这样的基础必须要夯实。

改变三：语言文字赏析异彩纷呈。在语文课堂上，文本内容的掌握、情感的体验、人物形象的感悟都要借助“语言文字”来进行。很长时间以来，表面热闹实则空洞的课堂令人扼腕，对词句的赏析也只流于形式，从而导致了学生讲话词不达意、语病多的现状。而在这次比赛中，“咬文嚼字”真正呈现在了师生的对话中，如对《小嘎子和胖墩儿比赛摔跤》中描写摔跤过程的一系列“动词”的品析；对《她是我的朋友》中描写阮恒心理变化的动作的咀嚼；对《桥》中描写洪水的句子的赏析，等等。教师和学生的交流在语言文字的流转中展现出了别样的精彩，从而使得课堂充满了语文味。

精彩在期待中呈现

回顾比赛，精彩在每一天的听课中都会上演。

精彩镜头一：赏析出的精彩

宋枭老师带领学生赏析“人物描写一组”中小嘎子和胖墩儿摔跤动作的描写时，采用的一个学生读文，两个学生表演的形式灵动活泼，使学生对“虎势儿一站”“猴儿似地蹦来蹦去”“推拉拽顶”等动词有了更具象的理解。

郭玉华老师在教学《奇妙的动物世界》时，评价学生的描述十分精彩。在学生描述动物的过程中，郭玉华老师用敏锐的眼光捕捉学生运用得准确、生动的词语，并进行鼓励评价，催生出了课堂的精彩。

精彩镜头二：说出的精彩

尹曼老师在教学“我们的小制作”时，对学生说话练习的引领十分精彩。在“先……再……接着……最后……”句式的辅助下，二年级的学生照样能说得流畅、精彩。

杜雪皓老师在教学《怎么过“六一”儿童节》时，通过观察图片、说句子对学生进行说话引导。句一：“六一儿童节到了，小朋友们在__________，他们真开心！”句二：“小朋友们通过__________来庆祝六一儿童节，他们跳得真快乐！”句三：“小朋友们____________过六一儿童节，真快乐！”用“有的……有的……有的……还有的……”句式练习说话。引领层次分明，符合一年级学生的年龄特点。

精彩镜头三：现身说法的精彩

刘翠霞老师在教学“我学会了……”的习作指导课中，引导学生积累习作素材时，亲自下场踢毽子，并口述学习过程，从而激起了学生的“回忆”热情，气氛热烈融洽。

卞立贞老师在教学“写一个有特点的人”的习作指导课中，设计了“给俺画个像”的环节，让学生现场观察教师并进行描述，可谓“声情并茂”，收效颇大。

苏勇老师在教学“我敬佩的一个人”的习作指导课中，运用了例文《多才多艺的苏老师》，文中对自己进行了有趣的描述，其中幽默的语言把描写人物时需要进行的“外貌”“动作”“语言”“心理”“神态”等一系列描写进行一一的展示和讲解，不仅避免了枯燥的说教，还对学生进行了“关注身边的人和事”的引领，一举多得。

思考在求索中进行

纵观整个比赛，变化中给我们带来了很多惊喜，我们的语文课堂正向着真实有效的方向发展。但从课堂表象来看，也有不少地方值得我们认真思考。

思考一：如何在课堂中给学生留出足够自主读书和思考的时间？要体现学生学习时真实的学习过程，就必须把课堂真正还给学生，以学生的活动来贯穿整个课堂。这就需要我们认真琢磨自己的教学设计，怎样突出重点，如何突破难点，怎样让学生融入学习中去成为课堂真正的主人，我想其中的“时间”应该是第一个需要考虑的要素。

思考二：怎样在落实语言文字运用的同时，关注学生的学习兴趣？在语文课堂中一定要加强语言文字的运用，字词句段的赏析、说话练习以及小练笔等都是课堂中要综合考虑的要素。可是，为了避免生硬和枯燥，在加强练习的同时，如何提高学生的学习兴趣也将再次被重新思考，所以，语言文字运用的形式也应该成为教师备课时需要注意的一个方面。

繁花落尽见真淳，铅华洗尽见本真。小语教学在岁月的洗礼中正在走向真实，教师们的思想也正在回归本质，学生们的学习也必将呈现扎实。我想，只要我们坚守自己的语文教学梦想，明天终将收获语文教育的丰硕果实。

一堂滋润生命的教学课

——观虞大明老师执教《桂花雨》有感

山东省乐陵市阜欣小学　郑圆圆

五月的济南，春天已经褪去了她的温柔，初夏的阳光在街道上投下斑驳的光影，在这美丽的五月天，我们一行四人参加了第六届名家人文教育高端论坛暨名师课堂研讨会。这场人文盛会可谓名家云集，好课云集。

我对虞大明老师执教的《桂花雨》一课情有独钟。虞大明老师一直是我敬仰的一位小语界著名的特级教师，他是快乐语文的倡导者与实践者，他主张“用心成长，享受课堂”的教育思想，因此，“快乐”是他课堂的主旋律。

上课伊始，虞大明老师问学生：“看到《桂花雨》这个题目，你想到了什么？”这样的提问开门见山，既能调动学生的思维又能检测学生对课文的整体把握。用这样的一个问题抓住了学生的思维后，虞大明老师顺势利导，出示导读提示，点明了自读课文的学习方法。其实，这在无形之中为学生，也为教师指明了自读课文学习和教学的方法。是啊，自读课文不应该是“散养式”的自由读，而应该做到有的放矢，注重实效，挖掘自读课文独特的文本资源。

如果说第一环节的开门见山式的导入，抓住了文眼，明确了方法，那么第二个环节便释放了情怀。课堂转瞬间成了欢乐的摇花场。虞大明老师引导学生抓住重点：“可是母亲一看天上布满阴云，就知道要来台风了，赶紧叫大家提前摇桂花。这下，我可乐了，帮大人抱着桂花树，使劲地摇。摇呀摇，桂花纷纷落下来，我们满头满身都是桂花。我喊着：‘啊！真像下雨，好香的雨啊！’”进行体会，方式可谓是大道至简：自由朗读、师生配合读、指名朗读，在一次次的朗读中，欢快的摇花之乐充满了课堂。接着，虞大明老师亲身示范既当桂花树又当妈妈，分别和三个在“妈妈”的召唤下跑来的小“春英”演绎课文内容，他们的表演把课堂上的摇花乐推向了高潮。这样的表演不是在哗众取宠，因为在表演的同时虞大明老师没有忘记提醒学生：“既要关注春英的动作，又要关注春英的语言。”学生边摇边喊：“啊！真像下雨，好香的雨啊！”虞大明老师提示学生还可以说自己想说的话。其实表演的过程就是学生与文本对话的过程，与作者对话的过程，也是将课文语言进行内化的过程。有了这样的表演和深入的对话，摇花乐便跃然课堂，深入到了每个学生的心间，所有人仿佛置身于浓浓的桂花雨之中。

这时虞大明老师趁热打铁，引导学生找出文中描写桂花香的句子，并按照花香指数找出两个“五星级”花香的句子。我认为，虞大明老师对以下这两个句子处理得十分精妙得当。其一是对“桂花盛开的时候，不说香飘十里，至少前后十几家邻居，没有不浸在桂花香里的”一句中“浸”字的处理。出示字典中对“浸”的解释：泡，使渗透。对这个字的解释有据可依，然后进行延伸拓展，根据《美丽的小兴安岭》一文中“早晨，雾从山谷里升起来，整个森林浸在乳白色的浓雾里”一句中“浸”字的意思，指出“浸”字并不仅仅是指在水里，使得学生对“浸”字的理解更加立体丰满，让“浸在桂花香里”变的具体可感。其二是对“全年，整个村子都浸在桂花的香气里”一句中“全年”的处理。因为桂花可以泡茶，可以做糕饼，所以桂花的香气可洋溢全年。这样桂花便从树上“走”了下来，来到我们的身边。这时的桂花香已不再只是袅袅香气，而是生活，是邻里之间的情感。摇花乐，桂花香，让学生乐在其中。

对“这里的桂花再香，也比不上家乡院子里的桂花”这句话的品味是这节课的点睛之笔。这句话的背后到底有着怎样的人生？杭州的桂花香可是“桂子月中落，天香云外飘”啊！正当学生们疑问重重的时候，伴随着音乐，虞大明老师出示了《桂花香》的作者琦君的资料，所有的疑问迎刃而解。琦君的一生除了用“漂泊”一词来形容便再无其他。当所有的学生为琦君漂泊的一生感叹时，虞大明老师适时画龙点睛：“这种思念，这种回不去的感慨，就是——乡愁。”“乡愁”是一个多么抽象的文化符号，一个多么复杂厚重的概念啊！可是，乡愁因为有了身临其境的摇花乐，有了浓浓的桂花香，有了遥远的“这种思念，这种回不去”的具象化感触，而变得真切。这样的对“乡愁”的阐释会在学生心中留下浓墨重彩的一笔。到这里，课虽然还没有结束，遥远的乡愁却已漫延心间、继续流淌。琦君在《烟愁》《乡思》《水是故乡甜》等作品里的文字使得她一个人的乡愁变得更加丰满。静心一想，这样的设计岂止是在简简单单中深化了她的乡愁，这更是在润物细无声中充盈了文本，丰富了学生的认知渠道。《桂花雨》已不再是孤单的一个点，虞大明老师由点及面地辐射出了作者的人生，以至于在学生的笔下出现了这样的文字：“灯下苦苦的思念，桂花雨带着亲情来到琦君的面前”“我看到一盏灯下，一位孤独老人的浓浓乡愁”……

虞大明老师的整堂课浑然天成，一堂课演绎的便是琦君的一生，让学生收获了学习语文的方法，让听课教师看到了自读课文教学的新路子，当然更为我们所有人点燃了孤灯下的浓浓乡愁，这份乡愁会滋润孩子们的一生！正是：

一生难忘的摇花之乐，
沁人心脾的桂花之香；
洒一场滋润生命的桂花雨，
奏一曲深切难忘的思乡曲。

“贾”杰作，“真”语文

——听贾志敏老师执教《古文今译》有感

山东省乐陵市教育局教研室　张书才

2014年在乐陵市成功举办的第六届名家人文教育高端论坛暨乐陵实验小学学校课程体系建设研讨会的现场，我有幸目睹了贾志敏老师执教的一节真实、朴实、扎实的语文课，听后真是敬佩不已。

贾志敏老师执教的《古文今译》作文指导课，让我们感受到了名师扎扎实实的教学风采。这位76岁高龄的老人，用一支粉笔、一块黑板给我们上了一节耐人寻味的语文课。他的课没有课件，只有简单的板书；没有华丽虚假的赞美，只有有效的评价。这才是真正高效的小学语文课堂，这才是一线教师学以致用的课堂。

会后，仔细回味贾志敏老师的课堂，真是行云流水、引人入胜、环环循道、句句蕴智。开课伊始，贾志敏老师便一笔一画、认认真真地板书了33个字的短文，没有加标点。然后简明扼要地把这节课的学习任务告知大家：初读课文，给古文加标点，理解重点字词及全文大意，把古文扩写成一篇600字左右的作文。

当时听后，我有些半信半疑，这样的任务学生能完成吗？贾志敏老师却已经开始了他的授课。

第一步，明句读。贾志敏老师提问学生古文的三个特点，其中之一就是给黑板上的短文加上标点。“谁来给这篇古文标上标点，能把标点标好的小朋友，语文能力是相当不错的。”贾志敏老师用鼓励的方式提出了要求。有学生上前在黑板上开始标注标点，“对了，对了！好！不错！”学生边写他边不停地肯定着，让学生感到既温暖又亲切。

第二步，读通古文。这个环节，贾志敏老师针对班级实际，要求学生改变“拖腔带调”的读法，要读得自然、连贯、通顺。让学生们先自行朗读了一段时间后，贾志敏老师首先肯定了大家读得认真，然后请两位学生站起来读，但是第一个学生刚起头，他就毫不犹豫地打断了，并再三申明朗读要求：不要拖音，要像说话一样去读课文。他做了正确的示范后，学生读得稍微好了一点，读完后，贾志敏老师鼓励这位学生：“有了标点读起来就顺口了，你还可以再提高。”学生高高兴兴地坐下了。

第三步，理解古文文意。这次是从重点字词入手的，先让学生解释“贫”“生”“无人问津”“曰”“试倒之”“恐”“试之”等关键词的意思：“贫”就是贫穷，“生”就是人……学生说得不清楚、不准确的地方，贾志敏老师加以指导、点拨，直至学生们都理解了为止。然后找一个学生用白话把这个故事讲出来。

第四步，进行扩写。从这里最能看出贾志敏老师教作文的功底与智慧。33 个字的古文，他一步步进行点拨，先按照故事的起因、经过、结果，把古文分成 3 个层次，然后按起因、经过、结果再读古文，接着以“贫”字为例，教学生用四字成语，如“一贫如洗”“家徒四壁”等。我还从贾志敏老师的教学中知道了一个信息：作文要想写的美，就得音韵和谐，比如，连用两个成语之后就必须再用一个小长句子，这样作文才有美感。他教学生从一个字到一个词，再到一句话，由此展开扩写，在授课期间他还穿插了各种风趣幽默的点评，以鼓励或者调动学生的积极性，然后留给学生十几分钟的时间扩写古文。最后，现场帮学生修改文章，并推选三名学生上台朗读他们的作文片段，并提出修改建议。

进行到给文章起标题这里时，我感觉贾志敏老师的评价十分恰当，“你说得真好”“你看书真多”“你简直是个天才”“你跟我回上海吧”“你是独一无二的”异彩纷呈的鼓励性语言，让每一个回答问题的学生都感到自己是被重视的。而更令人震撼的是学生的发散思维与逆向思维，他们能从不同的角度来分析、思考问题。我想，这正是我们的语文课程改革所结出的累累硕果。会后，贾志敏老师非常高兴地说：“这是至今为止我上得最高兴的一节课，实验小学的学生们太了不起了！”

一节课结束了，贾志敏老师带给我们的是一场“真语文”的盛宴，他不但引领学生读通了古文，读懂了意思，还扩写出了一篇篇言之有物、言之有序的记叙文，这可真是一节耐人寻味、发人深省的语文课。

我们需要静下心来认真地反复揣摩贾志敏老师执教的这节课，更需要找出并解决自己的语文教学中存在的一些问题，然后去追寻语文教学的真谛。

回归·合作·自然

——聆听陶继新老师的“高效教学的方略与品质”报告有感

山东省乐陵市实验小学　赵军庆

陶继新老师讲课如行云流水，我听完常有一种释然之感，还有一种心灵与心灵碰撞的感动。上周听到陶继新老师要来我们学校演讲，我充满了欣喜与期待。

陶继新老师今天演讲的主题是“高效教学的方略与品质”，听着他的讲座，感觉第一次这么近距离地接触到“高效”的真正含义。我一直认为高效教学就是丢掉学生的一些兴趣与爱好后进行的应试教育，是一种鱼和熊掌不可兼得的无奈举措，但是通过聆听陶继新老师的演讲，我对人生、对教学、对高效有了一番新的认识与体悟。

师生回归本位

以学生为主体，教师为主导，把对学生的教变成学生的学，把教室变成学堂。只有放开学生的手脚，释放学生真实的内心，营造快乐、和谐的课堂，师生才会有心与心的交流与碰撞。这时，你会发现学生的学习潜力之大，令人惊讶，给学生多大的空间，他们就会有多大的能量释放出来。

我们经常说，教师可以影响学生的一生，进而影响祖国的未来，而小学阶段更是教育的关键期，学生在此期间养成好习惯将一生受用。如果教师目光短浅，固执地陷在传统教学中不能自拔，那么学生的视野就不会开阔，学生的学识积淀就不会厚实，学生也就形不成独立的见解，我们教育出来的学生就会千篇一律，进而成为丝毫没有创新意识的人。我们的教育要放眼未来，要把课堂真正地还给学生，让学生自由自在地进行学习。

合作才能共赢

“二人同心，其利断金；同心之言，其臭如兰”，合作已成为21世纪论成功不得不谈的关键所在。合作是共赢的必备品质，共赢是持续发展的必要条件。教师需要合作，只有合作才能共赢，才能共同发展。学生也需要合作，合作是提高课堂效率的有力保障之一。以前，教师每天在讲台上不厌其烦地讲很多，而学生只能被动地听，导致学生的思维越来越停滞，表达能力也随之衰退。而合作让学生的学习充满了乐趣，使得组内成员人人都有话语权，人人都有展示的机会，人人都有探索的欲望。组内成员有不同的分工，也就有了不同的责任，每个人都有自己的责任，这就会督促学生自主地学习，自主地帮助成绩落后的同学，学习变得越来越轻松，教学的效率自然就提高了。

崇尚“道法自然”

“取法乎上，仅得其中；取法乎中，仅得其下”，烂读与浅读都不能达到预想的效果。当代著名学者、作家周国平对读书做过如下评论：“现在流行一个词，叫‘浅阅读’，主要指通过电脑、手机等浏览网络上的信息……以我之见，阅读就是阅读，世上并无‘浅阅读’，所谓‘浅阅读’不是阅读……严格意义上的阅读应该是个人的一种文化生活，是读那些有文化内涵的文字，是进入到这些文字所承载的文化传统中进行思考的行为。能够承担这个功能的，唯有好的书籍，尤其是经典名著。”陶继新老师说，读经典近天道，不熟背经典，你的话语系统里就没有“天语”；写文章就是从容叙说，想到哪里写到哪里，语言一雕琢看了就难受。这个观点我非常赞同，我们每一个人都有自己的特质，没有必要将写的东西都经过百般雕琢，如此就失去了个人特点。

陶继新老师有过一段做农民的经历，在种玉米的时候需要“蹲苗”（长得快的那些苗很高、很细、不抗风，所以要割掉贴近地表的根，使苗的根向下更深地伸入，这样长出的玉米棒子才会颗粒饱满）。人生需要历练并不断地进行积淀，而生命中的磨难就是一笔财富，正如陶继新老师所说的那样：不要急于成名，应厚积而薄发；没有经历过就没有经验可谈。十年树木，百年树人。教育其实是“慢”的艺术，这种“慢”能让我们更快地触摸到“高效”。作为教师，应保持一种良好的心态，做能做的事，做应该做的事，改变自己能改变的一些错误，因为我们的每一个改变，都可能是教育的改变。

“普通”的名师

——听孙明霞老师报告有感

山东省乐陵丁坞镇乐福小学　于东明

很久没有听到孙明霞老师这样接地气的报告了，三个小时的报告让人觉得是在贴心地与我们进行交流，就像一位长者在和家人拉家常一样。她说她是一位普通的教师，和我们一样坚守在教学第一线，过着普通的教学生活。的确，她所说的事例都是每个普通教师经常会遇到的，但不同的是因为她处理的方式的不同，演绎出了精彩的课堂，激起了思维碰撞的火花，也成就了孙明霞老师的不“普通”。

孙明霞老师说能吸引学生的第一个点是学识魅力。谁都想做学生喜爱的教师，那么具体应该怎么办呢？那就要提高自己的业务素质，让自己的语言表达更准确、流畅，板书更工整，能恰当地进行教学评价，在学科研究上要有所建树。孙明霞老师的口才就很好，可以说是出口成章了，她的思维也很敏捷、缜密，能用朴实的语言准确地表达出深刻的道理。从她信手拈来的教学事例中可以感受到她是热爱教学、热爱学生、善于从生活中提取感悟的人。比如，有一节课的课上，有学生学青蛙叫，孙明霞老师看出那位学生是情不自禁的，并非故意捣乱，就没有责怪他，但全班的蛙鸣却是始料未及的，但终究是具有教育智慧的孙明霞老师，她的做法是因势利导，先把学生引出池塘，来到森林，又来到狮子园，在学生生动活泼的口技表演中，总结出那节课的主题——“生态系统”。这是无意中形成的精彩，也是像孙明霞老师这样的有心人才能驾驭的课堂，因为她懂得运用“学生的语言”同学生交流。有时，她为了能和学生顺畅地沟通，会有意向学生请教游戏的玩儿法，让自己的思维和学生的思维产生共鸣。她不会故作高深，把自己抬到学者的位子上，以虚假的面具吓唬学生，她会主动放下姿态，去迎合学生的口味，我知道这一切都是为了让师生之间的沟通更顺畅，让人类的智慧得到传承。

孙明霞老师关心教学研究，她说课题就是教学中遇到的问题和难题。她在学校把小课题研究搞得有声有色，把原来只有研究者才能做的课题引入了“寻常百姓家”。以前觉得只有学者们才能做的课题竟然离我们这些一线教师这么近。曾经，研究属于研究，教学属于教学，井水不犯河水，教学研究人员不屑和“教学工匠”谈研究，即便做报告也是盛气凌人的，要不就是让教师们听得满头雾水、不知所云。有一次，在一次培训会上曾请来一位教授给我们做报告，教授在台上左一个理论右一个理论，知识量很大，但许多知识教师们根本没听说过，听得云里雾里。有教师实在憋不住了，问能不能讲些与实际教学有关的内容，教授很不高兴，竟然以培训不合格为要挟，那位教师讨了个没趣，只好继续忍受着听那立意不明的报告。小课题就不同了，它来自于实际教学，是大家共同研究、探讨出的问题以及解决问题的办法，当然实践仍需上升到理论的高度，但它是真实的，不是空泛地谈一些教条。普通的教师搞课题研究，不但能解决教学中的问题，还能使自己成为学者型教师，想想就让人激动。

能吸引学生的第二点是人格魅力。有责任心、有担当、有爱心、善良、积极、乐观、真诚等都是教师应具备的人格品质。教师拥有良好的人格，受益者不只是教师本人，更是他带的一届届学生们，以至延伸到学生的学生，甚至教师生活中相关的每一个人。具有良好人格的教师，是火种，在中华大地上形成燎原之势；是灯塔，指引着茫茫大海上的航船；是火把，照亮着人们迷失的心灵。孙明霞老师就是具有人格魅力的人。她心地善良，对学生充满爱，能真正为学生的发展着想。在应试教育盛行，学校、家长近乎疯狂地追求分数的大环境下，她一直践行“生命化教育”的理念，坚守着自己的信念，确实难能可贵。不用进入她的课堂我就可以知道，她绝不会因为学生成绩不好就对其放任自流、不闻不问，她也绝不可能为了争得零点几的平均分而将学生逐出校园，让他们过早地步入社会。她会用爱心安抚学生受伤的心灵；她会没有任何附加条件地接纳学生的情感依赖；

她会激发学生积极上进的心，鼓励他们做一个能为生命负责、勇于承担责任的人。当今的好多教师都不愿做学生情感的依靠，眼中只有冰冷的分数，只剩下认分不认人的冷漠，加班加点、死缠烂打、软硬兼施只是为了成绩的提高，因为学生人格的成长无法考量，他们就不去关心学生的情感成长与否，心理成熟与否。缺少了教师的引领，学生的成长会很缓慢，分辨是非的能力也不强，容易变成自私任性、为达目的不择手段的人。在此看来，能成为孙明霞老师的学生是多么幸运啊！

有教师问孙明霞老师，在一般的学校，像她这样的年龄完全有理由不再教学，找个闲差享受清闲即可，激励她孜孜以求的动力是什么呢？孙明霞老师的回答让人深感敬佩，她说是为了引领学生走出迷途，让学生取得进步。对社会现实的无奈不是一味抱怨的理由，用心做好自己分内的事，能做多少算多少，能改变多少就改变多少，改变不了大环境就努力营造“局部的春天”。这是一种社会责任感，她愿意为这种责任感去努力。当问及她的教育理想的时候，她的回答更是让人感受到了她人格的伟大之处。她说她没有什么理想，也就是她没什么可图的，她没有功利化的追求，不为财富积累，不为获得名衔，就是为了做好教育事业。她说“走着走着，花就开了”，这是多么伟大的一种情怀啊！她就是这样“普通”——用心做好自己的事情，尽心完成自己的职责，默默付出、不骄不躁、朴实无华。

孙明霞老师就是这么一个“普通”的老师，没有一点儿名师所谓的“架子”，她真诚地把自己对教育的感悟拿来和我们分享，引导我们这些精神匮乏的青年教师向真正的教育方向迈进，感谢孙明霞老师能在精神的成长上为我们指明方向。

略读课文原来可以这样教

——观管建刚老师执教《滴水穿石的启示》有感

山东省乐陵市安居小学　宋国英

全国名师管建刚执教的《滴水穿石的启示》一课给了我不少有益的启示，原来略读课文也可以这样来教。

快速阅读，粗知文章大意

语文课程标准在第二学段对于“略读”有明确的要求：“学习略读，粗知文章大意。”管建刚老师的课，一开始就明确了学习课文的策略，选用了“一目十行”快速浏览，粗知文章大意的方法。跟着提出主要的问题：滴水穿石的启示是什么？直接揭示了文章的主旨，并在文中找出相关的句子。学生又对其中描写的三个人物的事例做了了解。仅仅20分钟左右的时间，学生就已经完成了本节课的学习任务，速度很快。从学生的课堂表现来看，效率也颇高。我想，如果说教给学生学习的方法和策略是前提，那么，教师的及时点拨便是关键。

咬文嚼字，指向写作

学文至此，教学任务也已完成，一节课剩下的时间还能做些什么呢？此时，听课的教师和学生有着同样的疑惑，而管建刚老师的一问让我豁然开朗：作者如何从“一句话”变成“一篇文”的呢？是啊，一句话就能说明白的事情为什么要用一整篇的文字来说明呢？如何使读者认同你的观点？于是，问题自然又来了：如何才能成文呢？由此，管建刚老师不着痕迹地把“阅读”指向了“写作”，把两种课型做了恰当的融合，扩展了阅读课的内涵，拉伸了学生的思维。

借助文本，从咬文嚼字中让学生懂得要写好文章必须学会斟词酌句。其中对于“几百年过去了，几千年、几万年过去了”这个句子的叙述方式的品析可谓精彩。

除了以上两个方面，管建刚老师还提出了“培养学生段感、篇感”的说法，仔细想来，我们大部分学生的习作情况的确缺乏段感和篇感。基于这样的认知，管建刚老师教学中的每一个细节都渗透出这样的教学意识。提出某种现象—实例说明（正面、反面）—得出结论，一篇议论文的结构就完整地呈现在了学生的面前。原来，写议论文并不难啊！这就是管建刚老师要告诉学生的，也是培养学生习作兴趣、消除学生畏难情绪的有效课堂体现。对于段落划分提出的“瞻前顾后、随篇应变”，也让学生从对“滴水穿石”内容的品析中有了比较清晰的理解。

本节课教学，管建刚老师结合略读课文的内容和行文特点，立足语文课程标准，在完成阅读任务的前提下，有意识地扩展了文本结构和人文内涵，让学生继续在文本中游走，且用跳动的思维和深远的眼光思考、审视自己的语文学习，从而获得思想和能力上的同步提升。我想这节课将会引起我们对今后阅读教学方向的深度思考，同时，也必将让更多的学生爱上阅读、爱上习作，徜徉其中，享受语文学习的快乐！

寓教于乐教语文

——听张发先生执教《儿歌两首》有感

山东省乐陵市实验中学　白书贞

在泰安有幸聆听了张发先生的一堂课。张发先生是马来西亚的一位教师，已经70岁了，从事华语教育工作长达40年之久，曾获马来西亚教育界最高荣誉奖，为全世界的华语教育做出了巨大的贡献。

张发先生执教的是《儿歌两首》，整节课轻松愉悦、活泼快乐，各个教学环节设计得妙趣横生，引人入胜，水到渠成，看不到教学的痕迹，给人的感觉是教师和学生玩了一节课的游戏，时时激荡起学生们内心的涟漪和快乐。

童话故事之妙

课堂伊始，张发先生给学生们讲《猴子和鳄鱼》的故事："在美丽的大森林里住着很多小动物，小鳄鱼和鳄鱼妈妈就住在湖里。湖边有一棵大树，树上住着一只小猴子……"张发先生特有的温和的声音、扣人心弦的故事情节，深深吸引了学生们，他们都睁大眼睛静静地听着，生怕漏掉了一点情节。这样的导入也是最成功的，因为没有孩子不喜欢这样的故事。童话故事不仅拉近了学生和教师、文本的距离，同时为下面学习儿歌《太阳公公爱画画》做了铺垫，因为这首儿歌里面也有"猴子"这个词语。

词语说话之趣

在教学《太阳公公爱画画》这首儿歌时，张发先生出示了词语卡片，让学生们用卡片上的词语说一句话。学生们开始只用词语说出了一些简单的话。在张发先生的鼓励和启发下，学生们的表达越来越丰富形象，语言越来越灵动可爱，文字游戏使得整节课趣味盎然、生机无限。部分教学实录如下：

教师：同学们请看，老师这里不仅有生字卡片，还有词语卡片（出示词语卡片“青草”），这个词念什么？

学生：青草。

教师：那么，你能用这个词说一句话吗？

学生：小牛吃青草。

学生：小羊吃青草。

教师：那你还能说得更完整一点吗？

学生：小牛在山坡上吃青草。

教师：很好，你说得真棒！谁还可以来？

学生：小牛在山坡上快乐地吃青草。

学生：小羊高兴地在草地上吃着嫩嫩的青草。

教师：同学们说得都很好，那你能同时用上这两个词语说一句话吗？（出示词语卡片“蝴蝶”“红花”）

学生：蝴蝶在红花上飞来飞去。

学生：美丽的蝴蝶在红花上飞来飞去。

学生：美丽的蝴蝶在红花上快乐地飞来飞去。

儿歌唱跳之乐

张发先生告诉学生们，儿歌不仅可以说、可以读，而且可以唱。在轻快的音乐的伴奏下，他开始很有兴致地一句一句教学生们唱儿歌。学生们略做准备后，分为四个小组上台表演。音乐响起，学生们手之舞之足之蹈之，用自己的动作展示心目中太阳公公的形象。张发先生为他们打节拍，和声唱，以致忘我的境地，使课堂达到了高潮。这真是别具一格的语文课，我可是开了眼界。

在张发先生的世界里，他不是在上观摩课，仿佛没有了听课的教师，只有他和学生们的快乐。他头脑睿智，充满活力，和学生们“玩”得不亦乐乎，我们看到的是他拥有着一颗宝贵的童心。正如主持人所言：“70 岁的老师，7 岁的孩子，年龄虽然有很大的差距，心灵却如此接近。”这是最美的一幅画，也是最让我动容的地方。

我们都看到，学生们在张发先生的引领下，认真倾听、积极发言、勇敢表演，从他们身上，我看到了一种积极向上的力量。在场听课的教师，无不被课堂上的愉悦气氛所感染，仿佛自己也成了其中的一员。教师们自动地为唱儿歌的学生打节拍，为他们天真幼稚、充满童趣的回答发出善意的笑声，为他们热烈鼓掌以表示衷心的鼓励和赞许，表现出了较高的师德修养。这一切的一切，让人感受到了一种和谐之美，一种妙不可言的教育之美。

快乐之余，听了后面的报告才知道，张发先生上课所用的这首儿歌是他自己创作的，并亲自谱了曲，让学生们来学习、歌唱。这让我感到非常意外和敬佩，继而引发了我深深的思考：语文的天地非常广阔，并不只局限在教材上，我们也许做不到像张发先生那样自己创作作品让学生学习，但是，跳出教材的局限，让学生接触到更多、更广的语文知识，我们应该也能做到。另外，我们要扪心自问：在大力倡导素质教育的今天，我们的语文课堂里充满了什么？学生学习语文时有没有得到这种忘我的快乐？

游戏精神其实也是一种“玩”的精神，语文学习首先要给学生乐趣，要让学生在语文中找寻到欢乐的元素。张发先生的这堂课让我看到了“游戏精神”“玩的精神”，看到了学生们乐在其中，同时，也传达给我一个全新的教学理念——寓教于乐教语文。我一定要认真学习，努力去做，结合自己班级的情况，积极营造轻松愉悦的课堂氛围，让学生感受语文学习的欢乐！

多媒体互动、营造氛围，左右逢源、驾轻就熟

——评曾文彦老师新授课《紫藤萝瀑布》

山东省乐陵市市中街道办善化桥小学　高吉龙

有幸参加了山东省语文骨干教师暑期培训，受益颇多。目不转睛地看完了教学视频，忘却了周围啧啧的称赞声，我仍沉浸于曾文彦老师营造的教学氛围中，最后还是同事拍在我后背上的一巴掌让我的神思回到了会场。

长期以来，有一个问题一直萦绕我心，就是多媒体与语文教学的取舍问题或者说是分量关系。也听过其他一些教师的观摩课，多媒体的灿烂夺目，字体的五颜六色，声、光、电的繁杂与闪动，让我不能违心地认同多媒体教学，因为我认为这影响了学生的注意力不说，也占据了执教教师的大量时间，费力不讨好又何须费力？运用多媒体的前提必须明白为什么要用！它不是哗众取宠的媚，不是迎合学生的口味以调动气氛的“糖衣”，也不是所谓好课的点缀——似乎有了它，课就多了一圈光环。说到底是实用，说到底得认清它是一种附庸，说到底这取决于执教者的心态。或许我思想比较老朽，我一直不太喜欢用多媒体教学，我认为它剥夺了学生的想象力，违背了语文教学的要义——咂摸语言、品评文字、想象意境。为此，我还曾发过一篇不像样的文章——《对当下语文课堂的思索》，但现在我深深认识到了自己的浅陋和盲目，曾文彦老师很好地解决了我心中的疑惑。从课前的屏幕识字到情境导入，从花配乐、图配文到师配音都营造了一种浓厚的学习氛围。不！应该叫艺术氛围，置身其中，其乐融融，不觉累，趣味也浓，时间过得飞快，意蕴无穷。看来，这次真的没有白来，我应该静下

心来，认真学习。说到底，得感谢这次培训，它开阔了我的眼界，纠正了我的偏见。

为了印证自己的看法，我着重看了学生的表现——积极思考、踊跃发言而且思路灵活、妙语连珠。试想不创造出良好的课堂氛围，学生哪能表现得如此轻松呢？没有曾文彦老师睿智的点拨，学生的思维哪会散发得如此灵动呢？看着学生脸上洋溢着的灿烂笑容，我知道这是一节好课，因为学生的眼睛是雪亮的。

教学中，曾文彦老师以启发点拨为主，如一位高明的导演，将教学的机智与灵活尽显无疑，让与会教师不由自主地点头称赞。然而，更让我心动的是她的气质、她的谈吐、她的入境，从她身上，我才真正理解了什么叫“腹有诗书气自华”，我才真正明白了“三月不知肉味”的真实含义，我才知道忘我才能进入教学的最高境界。曾文彦老师抑扬顿挫、干脆而富有磁力的声音，潇洒的举止，渊博的知识和灵活驾驭课堂的能力都显示了其深厚的功底，这才是吸引学生眼球的根本所在，也是我努力的方向，因为，它应该是每一个教师都要具备的。

在教材的使用上，曾文彦老师突破了传统的教学模式，大胆取舍，以赏为线，以读为手段，穿插品评，适时引导学生设疑、析疑，突出了学生的主体地位，充分调动了学生学习的积极性，从而很顺畅地完成了教学任务。在整堂课中，曾文彦老师很好地把握住了自己在素质教育中的角色，出色地完成了目标。可以说，这节课是空前成功的！

智慧课堂

课堂是教师教学的芳草地，是学生学习的百花园。在这片绿意盎然的沃土上，时刻彰显着学生拔节成长的精彩和教师灵动流淌的智慧。当我们采撷下那些或深邃，或优雅，或唯美，或壮阔，或幽默，或令人感动的课堂印记，穿行于教与学、导与感、放与收勾勒出的课堂论道琼林中，呼吸着自由伸展的生命气息，你会突然发现，这样的课堂正是我们孜孜以求的，也是学生心思神往的。下面的教学设计都是读书会中的教师在德州市级以上赛课中获得过优秀奖励的。奔走流连其中，切磋琢磨，相信你会有更多的思考，会取得更大的收获！

创设情境，让学生体会春天之美

——《春的消息》教学设计

山东省乐陵市阜平小学　崔晓楠

一、文本分析

《春的消息》是著名诗人金波写的一首描写春天的现代诗。诗人以一颗童心与大自然无拘无束地交流。通过对树的枝条、小鸟、蝴蝶、雏菊等景物的描写，加之拟人、比喻修辞手法的运用，处处流露出诗人对春天的喜爱之情。整首诗洋溢着欢快、愉悦的感情，读起来平仄押韵、朗朗上口，可谓“诗中有画、画中有诗”。

二、教学目标

1. 认识“漂白、山冈、雏菊、面颊”等词语，理解“雀跃”的意思。

2. 有感情地朗读诗歌，通过品关键词、合理想象、联系生活实际等方式感受春天的美丽，并学会在原有诗歌的基础上进行续写。

3. 积累描写春天的诗歌，体会作者对春天的喜爱之情。

三、教学重点、难点

1. 有感情地朗读诗歌，通过品关键词、合理想象、联系生活实际等方式感受春天的美丽。

2. 通过朗读感悟，学会在原有诗歌的基础上进行续写。

四、教学过程

（一）创设情境，激趣导入

1. 教师：说一说你都知道哪些描写春天的词语？比一比看看谁积累的词语最多！

2. 教师出示带有春天景物的图片，引导学生：没想到大家积累了这么多词语。大家刚才说的这些词语又表现了怎样的一番景象呢？为了奖励你们，老师带你们一起去田野里感受春天。

3. 教师：有一位爷爷将这美丽的景色写进了一首小诗，让我们一起去欣赏。引出课题——《春的消息》。

【设计意图】兴趣是最好的老师，是最直接的学习动力。本环节以比赛的形式导入，创设了有效的教学情境，激发了学生学习的欲望，为接下来的学习做好了铺垫。

（二）初读诗歌，走进如画的春天

1. 学生自读诗歌，圈画出带拼音的字词和优美的句子，然后多读几遍。

2. 检查自读情况：出示词语“漂白、山冈、雏菊、雀跃、绿苞、照耀、面颊、搔痒”，指名朗读。纠正错误读音，如“漂白、禁不住”的正确读音，反复练读。

3. 结合图片，理解“雀跃”的意思，让学生明白遇到不理解的词语要根据字的意思来推敲含义。同时拓展延伸，让学生试着说说理解词语的方法还有哪些。

【设计意图】按要求自读诗歌是培养学生自主学习能力的重要环节。在学生初步理解课文的基础上，鼓励学生运用各种方法理解文中的词语，力求让学生成为学习的主人，突出教师组织者、引导者的作用。

（三）品读诗歌，感悟春天的美

1. 师生合作朗读诗歌。让学生找到自己喜欢的句子或小节进行交流，并说一说为什么喜欢，可以做简单的批注。

2. 交流感悟。在交流的过程中指导学生带着自己的感受去朗读诗歌，渗透诗歌的学法并穿插语言文字的训练。

（1）抓住关键词，理解诗歌的意境。对“摇、漂”这两个动词进行词语训练，试着换个动词来表达。（板书“抓关键词”）

风，____醒了沉睡的柳条；

风，吹黄了迎春花；

风，吹绿了麦芽；

风，吹……

风，……

水，____出了孩子们的欢笑。

（2）朗读诗歌时，要展开想象才能读好。如通过“看到第一只蝴蝶飞……”这一句，让学生想象蝴蝶飞舞的样子，读出作者捉住蝴蝶时欣喜的感情。（板书“想画面”）

（3）引导学生体会“钻出嫩绿的小草”中“钻”的拟人用法，体会这样写的好处，并让他们找找文中还有没有这样的词语。（板书“品修辞”）

【设计意图】语文课程标准指出，语文课程是学生学习运用祖国语言文字的课程。学生从品悟内容和语言分析，到仿写练习，再到有感情地朗读，整个过程都是围绕“运用”二字展开的。授之以鱼不如授之以渔，知识的延伸、方法的运用、情感的渗透正是语文教学的重要内容。

（四）入心入境，情景交融，朗读升华

1. 师生阶梯式合作朗读诗歌，并带领学生简单地了解作者金波。（板书“入诗、入画”）

2. 在了解了作者之后，拓展学习金波的另一首描写春天的现代诗《倾听春天》并配乐朗诵，让学生说一说在这首诗中又看到了、听到了哪些有关春天的信息。

3. 感悟升华，引导学生在感受春暖花开的同时，继续追随春天的脚步，仿照诗歌中自己最喜欢的小节进行续写。学生展示、朗读自己的作品。（板书“入心”）

4. 课后拓展：阅读金波的《让太阳长上翅膀》，继续探寻诗歌之美。

【设计意图】语文课程标准中指出，语文学习应注重听说读写的相互联系。学生在一次次朗读、一次次情感迸发的同时，通过仿写诗歌中最喜欢的小节，达到情感上的迁移。这里对金波的现代诗作品进行了渗透，做到了对课文知识的拓展和延伸。

五、板书设计

春的消息

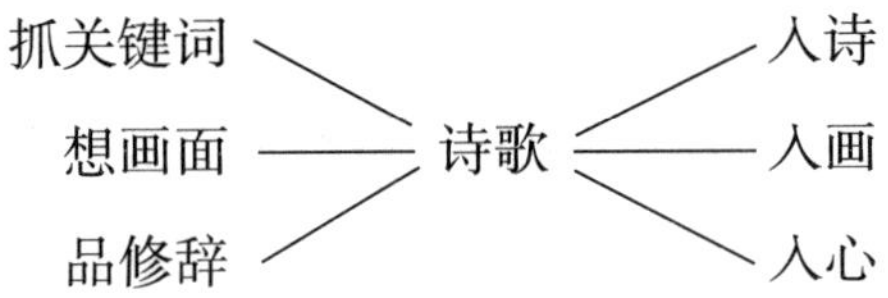

【评语】

1. 注重诗歌学习情境的创设，入诗入画。从描写春天的词语切入，由对春景图片的赏析，自然地引领学生走进了诗歌营造的春之画中。

2. 重视语言文字训练，入心入情。通过对“摇、漂”等关键词的咀嚼，让学生行走在文字的百花园中，体味语言的独特味道，进一步感受了诗情。

3. 侧重读写迁移，入境入神。引领学生有感情地朗读，让其体会诗歌的韵律美，插上想象的翅膀遨游在诗文的童话里。如此美好，怎能不一吐为快！学生自创诗歌，升华了情感，实现了由读到写的有效迁移，也实现了学习过程的有效整合。

学以致用，培养学生“用语文”的能力

——《老人与海鸥》教学设计

山东省乐陵市挺进小学　李俊红

一、教学目标

1. 会读写“塑、饼、谱、抑、挫、歇、吉、营”这 8 个生字，收集课文中的重点词语。

2. 理解省略号在本文中的不同含义。

3. 揣摩作者是如何把老人与海鸥之间的感情写具体的，并运用所学方法进行练笔。

4. 体会老人与海鸥之间的深厚感情。

二、教学重点、难点

揣摩作者是如何把老人与海鸥之间的感情写具体的，并运用所学方法进行练笔。

三、教具准备

课件，自主学习卡。

四、教学过程

（一）激发兴趣，导入新课

教师：同学们，我们这一单元的训练专题是人与动物的和谐相处，今天我们就学习一篇表现人与动物之间深厚感情的文章——《老人与海鸥》。（板书课题“老人与海鸥”）

【设计意图】这里采用了开门见山法，直接板书课题导入新课。之所以要关注课题，是因为课题是文章的眼睛，即文眼，从课题入手往往能生发教学的切入点，产生“课未始，已成基调”的教学节奏。

（二）小组合作朗读课文，完善自主学习卡

教师：同学们，现在进入我们的第一个环节——小组合作朗读课文，完善自主学习卡。

【设计意图】培养学生良好的语感和整体把握能力。

（三）读中收获，我来说

1. 交流生字。由展示组展示生字的读音及书写，其他学生补充，教师指导学生书写“抑”字。

【设计意图】语文课程标准中指出，小学高年级要培养学生较强的独立识字能力。这里让学生通过课上课下的学习，完成识字与写字的任务，培养学生独立识字的能力。

2. 交流四字成语。由展示组说出收集的本节课的成语，其他学生补充，由“抑扬顿挫”引出省略号的用法。

【设计意图】让学生学会标点符号的用法，从而做到学以致用。

3. 交流文章的梗概。由展示组展示自己总结的文章梗概，其他学生给予补充。

【设计意图】语文课程标准中指出，学生阅读叙事性作品，应了解事件的梗概，能简单描述自己印象最深的场景、人物、细节。通过这个环节的设计让学生学会抓住场景、人物、细节来概括文章的梗概。

（四）学以致用，我最行

1. 出示描写老人外貌的句子，让学生试着写一写。

他背已经驼了，穿一身褪色的过时布衣，背一个褪色的蓝布包，连装鸟食的大塑料袋也用得褪了色。

教师提问：通过“褪色”一词感受到了什么？随机抽小组提问，被抽到的小组派代表回答。

教师小结：同学们，作者没有直接说老人有多节俭，但是从文中的三个“褪色”中，我们感受到了。我们是不是也可以这样表现人物的特点，比如，有一个人长期资助贫困的学生，人们都以为他是一个富翁，可是那天我看到他____，我就明白了他原来是一位生活如此简朴的人。

学生小练笔：通过一个人的穿着和生活用品表现这个人生活简朴。

【设计意图】让学生抓住重点句子来理解人物，在学生自我体验的基础上，教师适时点拨、指导，从而达到学以致用的目的。

2. 出示描写老人动作的句子，让学生试着写一写。

> 老人把饼干丁很小心地放在湖边的围栏上，退开一步，撮（cuō）起嘴向鸥群呼唤。

学生小练笔：我去给树林中的小鸟喂食，____。

3. 出示描写海鸥动作的句子，让学生谈自己的感受。

> 当我们不得不去收起遗像的时候，海鸥们像炸了营似的朝遗像扑过来。它们大声鸣叫着，翅膀扑得那样近，我们好不容易才从这片飞动的白色旋涡（wō）中脱出身来。
>
> ……

教师提问：（1）通过“扑”字体会海鸥对老人的感情。如果把“扑”字换成“飞”字，怎么样？（2）通过省略号让学生发挥想象力，想象海鸥还会做哪些动作？

学生小练笔：想象海鸥还会做哪些动作表达自己的情感。

【设计意图】在这一过程中呈现板块化、步骤化，让学生沉浸在语言文字的世界里，努力体现语文教学的语文味，从而达到理解语言、积累语言、运用语言的目的。

（五）出示吴庆恒老人的图片，延伸课文内容

展示组展示本小组搜集的关于吴庆恒老人的资料，并谈谈自己的感受，其他小组进行补充。

（六）总结提升

教师总结：通过学习这篇课文，我们感受到了老人与海鸥之间深厚的感情，同时也学到了把这种感情写具体的方法——抓住人物的外貌、动作、语言等进行描写，把要表达的情感表达出来。以后在我们的习作中要多加运用。

【设计意图】力求让学生内化语言，形成语文能力，发展语文素养。

五、板书设计

老人与海鸥（深厚感情）

老人	**海鸥**
外貌	鸣叫
动作	动作
语言	颜色

【评语】

1. 自主学习卡的设计新颖有实效。教师巧妙地把“字词掌握、内容体悟”融入自主学习卡中，让学生自读自悟的同时，也习得了文章阅读的方法，可谓一举多得。

2. 关注学生的学习过程，注重培养学生“用语文”的意识。引导学生通过抓住关键句子理解人物情感，通过批注深入理解文意，通过练笔升华文章主旨，全面提升了学生的语文素养。

“咬文嚼字”，为学生指明学习古诗词的方法

——《泊船瓜洲》教学设计

山东省乐陵市教育局教研室　张书才

一、设计理念

《泊船瓜洲》是一首脍炙人口、情意绵绵的思乡诗，表达了诗人对家乡深深的思恋和热爱。

基于人文教学思想，本节课的教学设计坚持了“以人的发展为本”的教学理念，追求古诗词学习的人文性、个性化；打破了传统的串讲古诗词的教学模式，力避逐字、逐词、逐句讲析的呆板做法；给学生以自主学习的权利，充分调动了学生的主观能动性，引导学生积极参与，自读感悟。

二、教学目标

1. 正确、流利地朗读《泊船瓜洲》，学习通过看注释、查阅资料、边读边想象等方法理解诗词大意。

2. 品词析句，结合画面、音乐想象江南春的美景，进入《泊船瓜洲》所描述的意境，揣摩“绿”字的精妙之处，感受诗人的思乡之情。

3. 有感情地朗读、背诵、默写《泊船瓜洲》，揣摩诗人通过描写景物表达感情的方法，体会古诗词所表达的真挚情感。

三、教学重点、难点

1. 通过想象等方式进入古诗词描述的意境，抓住“还”字，体会诗人深深的思乡情怀。

2. 揣摩并理解“春风又绿江南岸”中的“绿”字的用意及意境。

四、教学准备

教学课件，音乐《春江花月夜》，文本资料等。

五、教学课时

1课时

六、教学流程

（一）对诗激趣，导入课题

教师：今天我们就来欣赏一首脍炙人口、耳熟能详的思乡诗——王安石的《泊船瓜洲》，感受古诗词的魅力。

方法：师生对诗，师出上句，生答下句。

提问：这些诗句表达出诗人怎样的情感？（思念家乡）

【设计意图】从学生已有的知识经验出发，调动学生的积极性，通过创设情境，让平时喜爱古诗词的学生有一个展示的机会，唤起他们的成就感，激发他们自觉背诵古诗词的兴趣。

（二）反复读诗，初解诗意

1. 明解题意。

2. 正确、流利地朗读诗歌。（自由读→指名读→指导读→齐读）

3. 结合插图、注释，自解诗意，交流汇报。（看插图，可以用简笔画表达诗意，也可根据注释说一说诗意，同桌间相互交流）

【设计意图】自读诗句，想象画面，感悟诗意。既可以用画表达诗意，也可以说一说诗意，改变了传统的串讲教学模式，使古诗词教学成了学生愉悦的自学自悟活动。以学生自己领悟诗歌内容取代教师讲解、分析，以学生自己的独立思考取代统一答案，以学生自己的感性体验取代整齐划一的理解指导。

（三）品词析句，体会感情

1. 你喜欢这首诗中的哪句诗？为什么喜欢这句诗？

（1）重点品析“春风又绿江南岸”，引导学生理解这句诗讲了些什么？再引导学生描述“春风又绿江南岸”的情境。

（2）教师提问：诗人的故乡这么美，你从中体会到什么？

2. 你觉得这句诗中哪个词用得好？你认为还可以用哪些词表示？把这些词放入诗句中读一读、想一想，想象一下画面，体会哪个词用得更好？为什么？（围绕“绿”“又”“还”等展开）

【设计意图】品词析句，一改传统的古诗词教学方法，体会诗人用词之妙，揣摩诗人渗透在字里行间的思乡之情。这一设计充分尊重了学生独特的感受、体验和理解。

（四）想意悟境，入境悟情

1. 面对此景，诗人站在江边，会对家乡说些什么？此时此刻，诗人也许想起了在家乡的什么美好场景呢？

2. 介绍写作背景，反复吟咏，入境悟情。

3. 配乐朗读，情感流淌。

教师小结：思乡的诗写了千百年，今天还在写，思乡的诗读了千百年，今天还在读。你们长大后也许要远离家乡，追寻自己心中的梦想，那时你们会觉得故乡在自己心中永远是最温馨、最不能割舍、最让人魂牵梦绕的地方。对家园、对故乡的思念和热爱是人之常情，这种感情是无比深沉并且无法磨灭的。让我们再读一读这首动人的古诗词吧！

【设计意图】想意悟境与配乐朗读这一设计，旨在引导学生进入古诗词所描述的意境，充分调动学生的主观能动性，发散学生的思维，使学生加深对诗情画意的理解。入境悟情，体会诗人的真挚情感，感受诗人用词的精妙，感受诗人浓郁的思乡之情。在这里，朗读不再是机械录放，而是学生个人情感的宣泄。

（五）积累语言，拓展延伸

1. 默写《泊船瓜洲》。

2. 品读王安石的《元日》《梅花》等其他作品。

3. 搜集表达思乡情感的诗词或歌曲。

【设计意图】语文作业是课堂教学的延伸与补充，是语文教学不可缺少的环节，对巩固、消化、理解、运用所学的知识起着非常重要的作用。作业的设计应是开放的，应努力实现课内外联系、校内外沟通、学科间融合，让作业成为培养和发展学生能力的一座桥梁。

七、板书设计

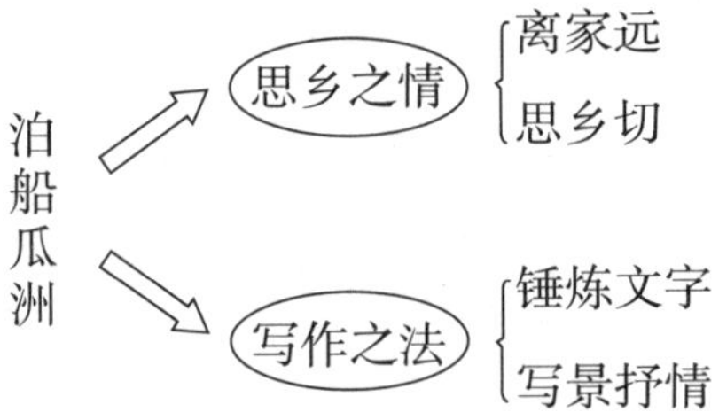

【评语】

1. 通过对整首古诗词的学习，切实凸显了学生的主体地位，师生共同经历学习的全过程。整篇设计从读到悟，再到品，教师只发挥穿针引线的作用，放手把学习的主动权还给学生，既给了学生主动发挥的平台，又让学生们体会到了语文学习的乐趣和成就感，有利于学习效益的提高。

2. 对关键文字，即“诗眼”的赏析，很好地渗透了锤炼文字对于语文学习的重要性。对“绿”字的替换推敲，体现了语文学科的特点，也为学生指明了学习古诗词的方向。

读、写、思结合，激发学生的民族责任感

——《圆明园的毁灭》教学设计

山东省乐陵市市中街道办善化桥小学　高吉龙

一、教学目标

1. 识记字词，积累语言，理解课文内容。

2. 联系上下文，研读感悟，想象圆明园昔日辉煌的景象，并了解它毁灭的经过，激发情感，领悟课文在表达上的特点。

3. 有感情地朗读，积淀情感，激发学生热爱祖国的思想感情和振兴中华的责任感与使命感。

二、教学重点、难点

1. 研读感悟，想象圆明园昔日辉煌的景观，并了解它毁灭的经过。激发热爱祖国的思想感情和振兴中华的责任感与使命感。

2. 领悟文章的表达特点，体会作者构思的匠心独运。

三、教学方法

“以读激情”“以读悟情”“以读达情”，读、写、思结合，让学生在积极的思维和情感活动中，加深理解和体验，受到情感熏陶，达成爱国教育。

四、教学过程

（一）导入揭标，明确方向

1. 由 1860 年的那一场大火切入，出示课件，引出课题。

教师：同学们好，今天是一个阳光灿烂的日子，看看外面迎风飘扬的五星红旗，我们无比自豪，“神十”升天、辽宁舰入海，如今的祖国已经繁荣富强。可是在1860年（展示图片，略），北京西北郊正燃烧着冲天大火，黑烟弥漫，遮天蔽日，万千火舌，往外喷发，中间力拉崩倒之声、火爆声、呼呼风声、求救声、抢夺声响成一片。鲜血淋淋，伤痕累累，天地动容，草木萧瑟，悲戚之状，惨不可言。这把火烧了三天三夜，把一座举世无双的建筑变成了一片灰烬。这是什么地方？为何起了这场大火？是天灾还是人祸？今天就让我们一起学习《圆明园的毁灭》。

【设计意图】利用图像构建强烈的视觉效果，再现惨景，设置悬念，激发想象，引发学生学习的激情。

2. 书写标题，指导写字。

方法：教师指导“毁”字的笔顺，用红色笔标注易错笔顺，让学生多加练习，并学以致用。

教师：请同学们写一下标题。写字如做人，来不得半点马虎。字，要端端正正地写；人，要有骨气地做。要注意写字和握笔的姿势，头正、身直、足安。养成正确的习惯，习惯会收获性格，性格成就人生。（请一个学生上台书写，其余学生在写字本上写）

3. 齐读标题，指导朗读。

【设计意图】指导写字，抓住根基；指导朗读，奠定学文基调。

（二）检查预习，强调字词

方法：大屏幕出示字词，个别读后领读，评价朗读。

1. ？　举世闻名　众星拱月　建筑宏伟　奇珍异宝

2. ？　闯进　掠走　搬运　销毁　灰烬　不可估量（强调“量”字的读音）

指导识字：运用思维导图来学习字词，的确是一种好方法，举两个例子，抛砖引玉，引发同学们的思考。如：

“剔”⟹用刀“剔”肉⇗用脚“踢”球

“剔”⟹用刀“剔”肉⇘心中警“惕”

“侵”⟹有人入“侵”⟹有水“浸”泡

【设计意图】检查预习，巩固成果，教给学生运用思维导图识词的方法。

（三）研读探析，领略圆明园昔日的辉煌

步骤一

教师：细心的同学会发现，老师在第一行词语前打了问号，是想告诉大家要随时发现问题，引发思考。第一行词语是描写什么的？

预设：圆明园。

步骤二

教师：请同学们快速浏览课文，思考描写圆明园昔日辉煌景象的是哪几个段落，然后用自己喜欢的符号画出描写圆明园的句子，在字里行间或句子旁边，用词语表达你读后的感受。（板书“辉煌”）

（教师巡回指导并纠正写字姿势。）

步骤三

教师：我们交流一下。谁来说一说自己的发现？在第二自然段你找到了哪个句子？

预设：“圆明园在北京西北郊，是一座举世闻名的皇家园林。”

设想：

（1）说一说你读懂了什么？它首先是一座________。（园林）

（2）哪个词能体现它的地位？（举世闻名）

① 这个词语是什么意思？（全世界闻名，地球人都知道）

② 给它找一个近义词。（驰名中外、闻名中外、闻名遐迩、名满天下、赫赫有名、众人皆知）

③ 为什么说它举世闻名？

步骤四

教师：圆明园是如何规划、安排景物的？请同学们继续在第二自然段中寻找。

预设：

（1）“它由圆明园、万春园和长春园组成，所以也叫圆明三园。”这是说圆明园的构成，也是说它的规模大。

（2）“此外，还有许多小园，分布在圆明园东、西、南三面，众星拱月般环绕在圆明园周围。”这是说圆明园的构造，即它的布局。

设想：

（1）你从哪个词语体会到了圆明园的布局特点？（众星拱月）

（2）这个词语是什么意思？

步骤五

教师：圆明园的布局美不美？让我们带着这种美的感觉继续往下交流。在第四自然段里有一个句子，既能概括第三自然段的内容，又能概括第四自然段的内容，谁能找到？

预设：“圆明园不但建筑宏伟，还收藏着最珍贵的历史文物。”

设想：

（1）这是一个什么句子？起什么作用？（这是一个过渡句，起承上启下的作用）

（2）哪句话承上？（前半句是对上文圆明园建筑风格的总结）

（3）哪句话启下？（后半句引出下文，写圆明园收藏的历史文物很珍贵）

教师：建筑宏伟体现在哪里？圆明园里有哪些景物体现了这个特点？大家在第三自然段里快速寻找，给大家一分钟的时间完成填空。

课件出示：

圆明园中，有（　　　），也有（　　　）；有（　　　），也有（　　　）。园中不仅有（　　　），还有（　　　）。

预设：学生一人说一空，然后让学生上台板书前四个中心词：殿堂、亭台楼阁、“买卖街”、山乡村野；教师写后两个：民族建筑、西洋景观。

教师随着学生的回答逐个评点：①这是它的富丽堂皇。②这是它的朴素清雅。③这是它的热闹非凡。④这是它的宁静致远。⑤这是我国古代劳动人民的创造。⑥这是我国古代劳动人民的创新。然后启发学生思考：圆明园中只有这些吗？教师出示上网查找的圆明园景物图片。

步骤六

教师：有句古语说：上有天堂，下有苏杭。大家体会到了吧？每天在这个地方生活是多么幸福和惬意啊！圆明园的建筑美不美？想不想目睹一下她的容颜？

（学生看大屏幕，教师随着切换的画面进行解说。）

教师：蓬莱瑶台，这是人间仙境。

教师：武陵春色，这是世外桃源。取意于陶渊明的《桃花源记》：缘溪行，忘路之远近。忽逢桃花林，夹岸数百步，中无杂树，芳草鲜美，落英缤纷。

教师：这就是圆明园，它既有江南园林的秀丽，又有北方山水的雄浑，更兼西式建筑风格，是一座中西合璧的世界级花园。

教师小结：请同学们闭上眼睛，想象此刻你正漫步其中，什么感觉？一个字：美！

步骤七

课件出示：

漫步园内，有如漫游在天南海北，饱览着中外风景名胜；流连其间，仿佛置身在幻想的境界里。

预设：

（1）“饱览”是什么意思？（“饱览”就是尽情地看，充分地看，尽兴地看，看个够，找个近义词的话，是观赏，但它比观赏的意味要浓）

（2）“流连”是什么意思？（游而忘归，恋恋不舍。可见景色足以迷人，字里行间饱含着作者的赞叹之情）

教师：让我们带着这种赞叹和恋恋不舍再读这句话，读出对圆明园的惊叹与享受。

（学生齐读。）

步骤八

教师：圆明园仅仅是建筑宏伟、景色优美吗？不，它还收藏着最珍贵的历史文物。看大屏幕，一起读。（板书“历代文物”）

课件出示：

上自先秦时代的青铜礼器，下至唐、宋、元、明、清历代的名人书画和各种奇珍异宝。所以，它又是当时世界上最大的（　　）、（　　）。

预设：

（1）为何被称为博物馆？（收藏品多，用你想到的词语来形容）

（2）为何又被称为艺术馆？（收藏文物的历史价值高）

（3）你从哪几个词中体会到文物很多？（“上自”“下至”，它们的意思是说这种收藏从先秦到清代，源远流长，从未间断）

教师：两千多年啊！同学们，多少名人字画、奇珍异宝，用你想到的一个词语表达一下？（数不胜数、不胜枚举、无法计算）

教师小结：这是圆明园的收藏美，想不想了解一下有哪些收藏品？请同学们下课后自己上网去查，去看，或许能带给你更深刻的思考。

【设计意图】这个环节让学生查找关键句子和字词，进而研讨、品味、分析，让他们感受圆明园美得让人心醉的过去。利用课件教学，不仅有利于帮助学生理解词语，也能创设情境再现圆明园昔日辉煌的景象。这样能够加深学生的体验，有利于突破教学难点，同时也培养了学生的听说能力。

（四）研读探析，了解圆明园毁灭的经过，激发学生的爱国情感

教师：可是这些数不清的金银财宝、孤本秘籍、陶瓷古物等珍贵文物却在短短几天内消失了，破碎了，它们遭遇了怎样的劫难？听老师读，大家带着问题想。

（教师读课文。）

教师：课文读完了，一起说是谁抢劫了圆明园？我从同学们的脸上看到了愤怒。侵略者是怎样进入圆明园的？又是如何抢劫的？请用文中的句子来回答。

预设：“1860 年 10 月 6 日，英法联军侵入北京，闯进圆明园。他们把

园内凡是能拿走的东西，统统掠走；拿不动的，就用大车或牲口搬运；实在运不走的，就任意破坏、毁掉。”

教师：“侵入”，就是非法进入，强行进入。“闯进”是什么意思？比如，我们正在上课，突然门被踢开了，进来一伙拿刀拿枪的歹徒，对着我们的教室打砸抢烧。这是一群什么？野兽、魔鬼。这又是一群什么？强盗。这还是一群什么？畜生。那么，“闯进”换成“进入”，好不好？大家读第一句，体会一下。（不好，换成“进入”会缺乏语言的表现力，我们就感受不到侵略者的残暴与野蛮了）

教师：同学们把“凡是、统统、任意”在课文中划掉，再读一下，看看好不好？（不好，缺乏语言的张力，我们就体会不到英法联军的贪婪与无耻了）推敲词语的意思，再读就能读出情境。语文学习就需要这种入境、咂摸、品味和想象。语言精炼是本文的表达方法之一，大家要学以致用。

教师：大家带着刚才的理解和感受再读一下，自己读自己的。

教师：老师很欣赏同学们读书的神态，这说明大家已经沉浸到了课文的氛围之中。“夺人之美，为己所有”也就罢了，最可恨的是，他们为了销赃灭迹、掩盖罪行，竟然放火烧了圆明园，一起来看看这惨不忍睹的场景。

（教师播放火烧圆明园的视频。）

教师：毁灭了，没有了，什么都没有了，我国这一园林艺术的瑰宝、建筑艺术的精华，就这样化成了一片灰烬。这是一种怎样的损失啊？作者开头有一个直抒胸臆的感叹句，谁能找到这句话？

预设：“圆明园的毁灭是祖国文化史上不可估量的损失，也是世界文化史上不可估量的损失！”

（学生齐读。）

教师评点：一个感叹句独立成段，开篇点题。通过两个“不可估量”，相信同学们已经明确了它的分量，请你们把它圈出来。这种损失，无法弥补，也无法计算。

【设计意图】范读、个读、齐读、自由读，以读为本，以读代讲，让学生在读中思、读中悟，唤起他们的惋惜、痛恨之情，从而激发他们的爱国情怀。让学生抓住重点句、重点词进行推敲练习，使学生的思维得到充分的拓展，情感得到尽情的发挥。利用课件，帮学生感性地感受课文，遵循了小学生“从感性到理性”的认知规律，能使学生更好地理解内容。

（五）领悟文章的表达特点

教师：学到这里，不知同学们注意到没有，课文的题目是《圆明园的毁灭》，作者却用了大量的笔墨写圆明园昔日的辉煌，作者为什么要这么写？

预设：就是为了通过对比强调圆明园的巨大损失，衬托出侵略者的罪行，激发起我们勿忘国耻、振兴中华的决心。

【设计意图】学习文章的表达方法，为写作铺路。

（六）对望自我，延续情感

教师：下面请同学们打开课本，看文中的插图，对望自我，面对这个在风雨中伫立了150多年的废墟，还有圆明园里那残留的柱子，你有什么话要说？想对谁说？写下来，一会儿我们交流。

预设：引导学生从各个方面、各个角度说。

教师小结：同学们的发言，让老师很感动。同学们在这节课上成长了。这血和火的教训告诉我们落后就要挨打。我们应该怎么做？一起说：前事不忘，后事之师。努力学习，振兴中华！

【设计意图】学生在写中感悟，情感得到了升华，体现了语文工具性与人文性的和谐统一。以情激情，引发学生的思考，激发学生的民族责任感和使命感。

（七）拓展作业

教师：一篇课文远远不是一节课所能解读完的，希望同学们课下主动搜集相关的文字或图片资料，了解近代中国曾经蒙受的耻辱，并怀着更多的思考走向未来的人生。

【设计意图】作业主要是拓展学生的阅读，这样，学生的阅读与思考就不会随着课堂的结束而结束。

【评语】

1.“情”字贯穿了整个教学过程，用“家国情怀”帮助学生涂抹了人生的底色。让学生在欣赏圆明园的富丽壮美、回顾圆明园的悲惨遭遇之时，体悟国之瑰宝的内涵，感伤弱国之痛，激发强国之志。

2. 穿行在文字间，让学生学会了用言语表达心声。那些饱含生命意向的美好词汇彰显着圆明园悠久的文化意蕴，那些痛彻心扉的呐喊之词呼号着亿万中华儿女永远的悲怆，而那砥砺奋进的笔触也必将书写出振兴中华的铿锵之言。学生的学文过程，能很好地体现语文学习的特点，并能在激起学生情感共鸣的同时，极大地提升学生的语文学习能力。

环环相扣，引导学生用发展的眼光看问题

——《科利亚的木匣》教学设计

山东省乐陵市阜平小学　刘玲玲

一、文本解读

《科利亚的木匣》讲的是科利亚 5 岁的时候，从家门口向前走了十步，埋下了自己的木匣，而在 4 年后，只走了五步就挖出了自己的木匣的故事，从这个故事中感悟到时间在变化，自己在变化，周围的一切都在发生变化的道理。

二、教学目标

1. 会认“匣、锯、阶”这 3 个生字，会写“挖、鞋、斧、锯、免、屋、抢、难、初、管、敌、阶、懂”这 13 个生字。能正确读写“木匣、手锯、台阶”等词语。

2. 正确、流利、有感情地朗读课文。

3. 能读懂课文内容，感悟到时间在变化，自己在变化，周围的一切都在发生变化的道理。

三、教学重点、难点

1. 了解课文的主要内容，懂得作者感悟到的时间在变化，人在变化，周围的一切都在发生变化的道理。

2. 初步学习用发展的眼光看待问题、解决问题的方法。

四、教学过程

（一）激趣导入，引出课题

教师：（出示自己小时候的一张照片）今天老师给同学们介绍一位新朋友，能认出她是谁吗？这是我。现在的我与小时候的我相比有什么变化吗？

【设计意图】教师出示自己小时候的照片，谈话式导入，拉近与学生之间的距离，缓解他们的紧张情绪。

教师：今天我们学习的课文就和变化有关系！来，伸出你们的小手在纸上一起和老师写课题——《科利亚的木匣》。（示范写“匣”字）“匣”是我们这节课的生字，写的时候要注意它的笔顺！

（二）初读课文，问题启智

教师：科利亚和木匣之间的故事会告诉我们一个怎样的道理呢？首先，请同学们认真地读一遍课文，注意读准字音，读通句子，遇到不明白的地方可以问老师，也可以问同学。

【设计意图】问题是学生学习的动力，是开启学生智慧的钥匙，把问题提出来，并把提出问题的主动权交给学生，让学生真正成为阅读的主人！

（三）生字教学，帮助识字

教师：刚才老师在教室的过道里走了三圈，怎么没人问我这些字怎么读呢？

课件出示生字：

挖　鞋　斧　锯　免　屋　抢

难　初　管　敌　阶　懂

教师：怎么读？大家一起读（学生齐读）。大家读第二行时，我听到了不同的声音！哦，这个“难”字是多音字。谁能把这几个读音都说一遍。

【设计意图】按照语文课程标准中的要求以及三年级学生的识字水平、特点，让学生通过多种渠道，运用以前学过的识记生字的方法，自主识字，培养其自学的能力。

（四）朗读训练，比赛冲关

教师：关于课文内容，你们是不是读的正确、流利、有感情了呢？我们来一次朗诵比赛吧！看谁读的最好！这样，我们采用男生和女生比赛的形式。

（学生轮流读。）

教师小结：有几位同学读得非常棒，所以说读书并不难，认真投入了，就能读好。

【设计意图】利用比赛的形式，激发学生的阅读兴趣，同时为下一个环节——概括文中大意做铺垫。

（五）概括内容，补充句意

教师：这篇文章不算短，有十三个自然段，八百多字，那你们能不能用几十个字概括一下这个故事呢？不重要的不说，只说重要的，老师给你们一些可参考的词语。同桌之间讨论一下。

出示课件：

1. 那一天　科利亚　木匣子

2. 四年后的一天　科利亚　木匣子

3. 十步　五步　这是因为　？

教师：第一句，谁会说？（请几位学生说一说）

教师：第二句，谁会说？（请几位学生说一说）

教师：明明是迈了十步埋的木匣，怎么会在迈了五步的地方挖出来呢？谁能把第三句话说明白？（请几位学生说一说）

教师：哪位小朋友能把这三句话连起来说一说？（请几位学生把三句话连成完整的一段话）

教师：如果把最后一句话的“？”变成“。”，你们还会说吗？（反问句变陈述句）（请几位学生说一说）

教师小结：三年级的学生已经具备了六年级学生的总结能力！你们可真是不一般！

【设计意图】锻炼学生的自主学习能力和语言概括能力，让学生在教师的引导下，把话说清楚，说通顺，并且使学生从整体上感知文章的内容，有了这个基础，在上第二课时，就比较容易突破文章的难点。

（六）拓展延伸，进行写作

教师：科利亚说，周围的一切都在起变化，你觉得对吗？是都在变吗？你能写一写你周围的人或者事物的变化吗？（引导学生写作）

【设计意图】可以让学生在自有对话文本的基础上进行写作，感知自己、发现自己、提升自己。

【评语】

遵循学生的年龄特点进行教学是该教学设计的一个亮点。激趣导入、问题启智、比赛冲关、补充句意等环节的安排，充分考虑了三年级学生好奇心强、愿意参与竞争类学习的特点，把对字词的掌握、文意的体会寓于师生互动、生生互动之中，淡化了教学痕迹，提升了学生学习的参与度。

步步为营，全面发展学生听、说、读、写的能力

——《拾馒头的父亲》教学设计

山东省乐陵市城西小学　李　明

一、组织教学

一曲感人肺腑的刘和刚的《父亲》，仿佛把我们带到了敬爱的爸爸身边。今天，我们一起来学习一篇描写父亲的文章，题目是——《拾馒头的父亲》（师生齐读课题）。掌声请出我们今天的展示小组（展示小组自报家门——规范语：我们是________，我们的主旨是______________，我是首席发言人火星队员________，水星队员________，木星队员________，金星队员________）。

二、教学过程

（一）字词训练营，人人当英雄

展示小组分发测试题给学生进行填空练习，4 人分工监督、巡视。教师对学生的坐姿进行指导。

（二）我读我入境，流利有感情

1. 展示小组“开火车”朗读课文。

2. 阅读小组评价，并挑战朗读。

（三）入情入境，品味人生

教师：书读百遍，其义自现。展示小组读得不错，那么，对文章的理解又是怎样的呢？

火星队员：本文通过记叙父亲为了“我”上学，而在城里拾馒头养猪的事情，反映了父亲对“我”深深的爱，体现了父子情深。

水星队员：全文共21个自然段，按照事情发展的顺序，可以分为五部分。第一自然段是第一部分，写的是在“我”16岁那年，考上了全县城最好的高中，父亲欣喜不已。第二到第六自然段是第二部分，写的是父亲为了照顾我，在县城养猪，在没有猪饲料的时候，我提出了让父亲去学校食堂拾馒头剩饭菜喂猪的主意。

木星队员：第三部分是第七至第十二自然段，写的是在学校里拾馒头、剩饭菜的父亲受到了许多同学的嘲笑，“我”怕被别人看不起而躲避着父亲。第四部分是第十三至第二十自然段，写的是在家长会上“我”终于战胜了自卑，将父亲介绍给老师、家长和同学们。

金星队员：第二十一自然段是第五部分，写的是父亲的言行让“我”明白：别人的歧视都是暂时的，男子汉，只要努力，别人有的，“我”也会有。

火星队员：请同学们看第一自然段中的这句话：“父亲欣喜不已，千叮咛、万嘱咐，希望我将来能考上大学，将来坐办公室就不用下地种田了。”从“欣喜不已”“千叮咛”“万嘱咐”这三个词中，我体会到了一个父亲对儿子深深的爱，他盼着儿子通过努力有一个美好的前程——坐办公室，再也不愿意儿子像自己那样下地种田受苦受累了。

水星队员：请同学们看第四自然段：“猪渐渐长得大起来，家里的饲料早已吃了个精光，亲戚送给我们家的饲料也日趋减少。买饲料吧，又拿不出钱来，父亲整日显得忧心忡忡。”“忧心忡忡”指忧虑不安的样子，形容心事很重，非常忧愁。从这里我体会到了，家里经济困难，为了让儿子读书，父亲每日操劳，但没钱的日子里，父亲过得很无奈，很忧伤。

木星队员：请同学们看第八自然段：“我是一个山村里走出来的孩子，我不怕条件艰苦，不怕跌倒疼痛，却害怕别人的歧视。好在同学们都还不知道那是我的父亲，我也尽量躲避着父亲，每到他来时，我就离得远远的。”这段话集中写出了作者的恐惧心理，一方面他爱自己的父亲，另一方面他又怕同学们知道那个戴着黑乎乎的头巾，穿着脏兮兮的衣服，用一双粗糙的手拾馒头的老头儿就是他的父亲，他怕被别人歧视，虚荣心与自卑使得他躲避着父亲，并离得远远的。

金星队员：请同学们看第十自然段的第一句话：“父亲脸上的喜悦一下子消失了。”“一下子”说明时间很快，“喜悦一下子消失”是说父亲并没有想到儿子会说出这样的话。从这句话中，我体会到儿子当时的话给父亲带来了很大的冲击，所以后面父亲才吸烟并思考了很长时间做了“我看还是去吧！不和你打招呼就是了”的决定。

火星队员：请同学们看第十二自然段中的这句话：“我常常看见父亲对着张贴成绩的布告栏发呆，好在我的成绩名列前茅，可以宽慰父亲的，我想。”从这句话中，我仿佛看见了一个衣衫破旧的老人站在校园的布告栏前寻找儿子成绩的场景，他久久地站在那儿，为儿子取得的优异成绩而高兴，又为自己天天见儿子却不能和他打招呼、说说话而苦恼，这是多么让人伤感的一幕啊！

水星队员：请同学们看第十六自然段的这句话：“家长会开始了，鼓掌声和欢笑声不断，我却一直蔫蔫呆呆，心里冰凉得厉害。父亲啊，你为何偏偏是一个农民，偏偏在我们学校拾馒头呢！”从这句话中，我看到了作者内心的焦灼，为自己的父亲是一个农民而感伤，为自己的父亲偏偏在自己学校里拾馒头而懊恼，所以尽管家长会上鼓掌声、欢笑声不断，他却打不起精神，心凉如冰。

木星队员：请同学们看第十七自然段的这句话：“天哪！父亲，我拾馒头的父亲正站在教室外面一丝不苟地聆听老师和家长们的谈话，他的黑棉袄上落满了厚厚的积雪。”“一丝不苟”说明父亲当时很专注，以致于身上落满了积雪，他也丝毫不在意，为了分享儿子的成功，父亲采用了这种方式来开家长会，这多么让人感动啊！可怜天下父母心。

金星队：请同学们看第十八自然段的这句话：“我冲出教室，将父亲拉进来，对老师说：这是我爹。掌声一下子如潮雷动……”从这句话中，我读出了作者终于战胜了自卑，找到了自我，认识到了父亲的伟大，如潮雷动的掌声既是对父亲的敬意，更是对作者的鼓励。

（四）得知得智，拓展人生

1. 展示小组成员谈小组的收获。

2. 资料介绍：

① 题记。

② 相关的故事。

③ 有关父爱的名言、父亲节来历。

（五）化人化文，学以致用

1. 大爱无疆。

2. 父爱如山。

3. 家庭贫穷，但精神高贵。

4. 歧视是暂时的，做人是永久的。

（六）超越自我，百流归宗

1. 阅读小组谈收获（从展示小组的展示中学到了哪些知识，从其他同学身上学到了哪些等）。

2. 攻防打擂（给每个回答、提问的人按相应的号码记分）。

（1）展示小组提问，阅读小组回答。

（2）阅读小组提问，展示小组回答。

3. 全班化人化文。（放乐曲，写感悟小结）

4. 展示感悟，并激情总结。

5. 布置作业。

【评语】

1. 本次教学注重突出了学生在课堂上的主体地位，力求让学生参与学习的全过程。

2. 通过学语习文，展示交流，全面提升了学生听、说、读、写的语文能力。

3. 文本与生活有效对接，以文化人，凸显了“大语文”的教学理念。

诗意诗韵

诗歌的历史源远流长，名家辈出，名篇佳作卷帙浩繁，在中华文明中蔚为壮观。中国古代教育中非常重视诗歌，如孔子就非常重视诗歌的教育作用，说："不学诗，无以言。"现代社会更需要诗歌，且对诗歌的作用和意义更为重视了。如德国哲学家海德格尔认为诗歌是最美的语言，诗歌不仅是哲学体系中重要的一环，而且是解决人类所面临的生存困境问题的重要存在。

"诗"者皆为有感于物而作，是心灵的映现。静静地读，诗歌中充盈着创造的激情，闪熠着人性的光辉，流动着曼妙的韵律，激荡着浪漫的诗意，让人心旷神怡并迷醉其中；细细地品，诗歌中蕴含着对书籍的迷恋，对工作的敬业，对生活的感恩，对大自然的赞美，引发无限感慨并深受启迪。让我们一起走进美丽的诗歌世界，徜徉在诗歌的海洋里！

一路书香，一生阳光

山东省乐陵市大孙乡中心小学　张立敏　魏传芳

有人说：读一本书，就像和许多高尚的人对话
而我想说
读书真的很快乐
还记得第一次读吴非老师的《不跪着教书》
我明白了教师应该是一个有思想、有理想的人
只要肯读书，什么都好办
读书这事吧，还真是“纸上得来终觉浅，绝知此事要躬行”
我的读书路上就充满了艰辛，直到现在，我都会莫名地惧怕星期二
因为我总会为了这一天的阅读课而绞尽脑汁
被折磨得疲惫不堪，又总是乐此不疲
看到孩子们钟情于书，我想说：我享受这个被折磨的过程
不知从什么时候起，我和大家一样
早已爱上了这灵魂的良师益友——书
没有书的日子是不完整的
我尝试着读过《享受学习》[1]
读过《教师要学苏霍姆林斯基》
思考过《教师克服职业倦怠的六堂必修课》
也欣赏过《在与众不同的教室里》[2]

① 《享受学习》全名《享受学习：魏书生与陶继新的教育智慧》。

② 《在与众不同的教室里》全名《在与众不同的教室里：8位美国当代名师的精神档案》。

更喜欢那百读不厌的《做一个幸福的教师》[①]
每捧一本新书，我都要先闻闻那淡淡的墨香
那一刻，欢愉的不是我的眼，而是我的心
曾几何时，我从《种好心田》[②]归来，带回一个幸福的教育梦
我梦见，魏书生与陶继新两位老师围炉而坐
畅想超越自我、种好心田的教育希望
曾几何时，我从《故事里有你的梦想》[③]归来
带回一个个动人的故事
我看见，于永正、王崧舟、曹永鸣、孙维刚等
18位名师用实际行动为我们书写的精神档案
那充满激情的教育梦啊，早已穿越了一切阴霾
曾几何时，我从《前方是什么》归来，带回一首沁人心脾的歌谣
前方是什么？不知道，我只知道不能后退
前方是什么？管他呢，只管往前走
坚守信仰，走吧，走出光明来
我们涉猎在这茫茫书海中，我们思考着，我们磨砺着，我们成长着
让我们默默地用纯洁的心灵去体味书这一片绿地
默默地用美妙的憧憬去悸动这一方天空
一路书香，一生阳光

① 《做一个幸福的教师》全名《做一个幸福的教师：陶继新教育讲演录》。

② 《种好心田》全名《种好心田：魏书生与陶继新的幸福教育》。

③ 《故事里有你的梦想》全名《故事里有你的梦想：18位名师的精神档案》。

牵手读书会

山东省乐陵市阜平小学　刘玲玲

盈一缕书香
读书会里芬芳荡漾
赏一路风景
读书会里幸福绵长

七年来
大手牵小手
牵手书香
我们开始穿越
从古学到今
在国学、诗海里徜徉
用童心沐浴心灵的阳光

我们执手相约
我们奋笔书写
岁月的睫毛上飘逸着丹青墨香
从古学到今
我们开始懂得积累的重要
我们牵紧彼此的双手
传递着心中的那份激流

读书会
让我们走到一起
让我们学会了播撒希望
我们心中充满了信念与理想
我们探索着教育的智慧与真谛
读书会能让我们静静地打开一本书
静听岁月低吟浅唱
传承美丽远古文明

读书会
让我们与书为友
滋养我们的精神殿堂
我们分享书籍的知识
同时汲取精神能量

七年读书会，无尽语香
大手牵小手
牵手读书会
牵手万卷书香
永远传播正能量

因为遇见您

——初入读书会有感

山东省乐陵市实验小学　付友芳

蓝天有多高
海水有多深
我曾静静地想
也曾深深地向往
无数次地，无数次地
在漫长的黑夜里迷失方向
在坎坷的路途中独自彷徨

有人说
去吧！去吧！去见见吧
我鼓起勇气
盛装打扮，欣然赴约
谁知，第一次见面便让我沉醉
您那激情如同火焰般的《晨起自勉文》
像冬日燃烧的枯草
将凛冽的寒风
吹到了九霄云外

您的世界总是灯火通明
而我的天空从此
清澈透明
您说
只要爱上了读书
世界就爱上了你
我说
读书，此刻变得像读心
馈赠了我前进的力量

在我三十岁的年纪
遇见了最美的您——读书会
是您带给我一缕温暖的光
照亮了我的教育之路
我会记得我们的约定
请您耐心等待
待到桃花朵朵时
定会给您一份意外的惊喜

“教育经典”在思考中攀岩

山东省乐陵市寨头堡乡中心小学　鞠红英

一个人行走
也许走得很快
而一群人行走
一定走得很远
我庆幸
和读书会的会友们
在“教育经典”中行走
在“教育经典”中攀岩

徜徉在“教育经典”的海洋
犹如站在巨人的臂膀上登高远望
《在教育家的智慧里呼吸》
重温和回归教育的本义
孟子的师道尊严
荀子的浩然之气
铭刻心底
孔子的因材施教
苏格拉底的“理性”教育
仍需继续

行走在《回到教育的原点》[1]的路上
窦桂梅老师的教育积淀
彰显出教育最为耀眼的光彩
解读教育，引领教学
激情洋溢，指点江山
用她的教育智慧托起“高效课堂”明媚的今天

《跟苏霍姆林斯基学当老师》
永远是我教育之旅中永不磨灭的信念
站在新课程改革的渡口
走在新课程改革的前沿
推动素质教育的发展
捕捉新的方法与理念
在实践中反思
在反思中前行
碰撞的是观点，提升的是理念
让新的教育气息在课堂中弥漫

沉浸于《有效教学十讲》
每一讲都是走向优质教学的桥梁
备课的深度决定课堂的高度
师生的温度决定课堂的效度
巧妙的引领，多元的评价
心灵的交流，情感的碰撞
成就学生的起航

吴非的《不跪着教书》里
独立的教育思想

① 《回到教育的原点》全名《回到教育的原点：窦桂梅教育教学管理精华》。

独特的教学方法
让教育尊贵的头颅高仰
心怀大爱与梦想
走在新课程改革的路上
让学生的尊严在教育中闪光
让学生的自信在教育中点亮
让教育的力量挺直学生坚硬的脊梁

无论《前方是什么》
但我深知
承载的是教育的使命
肩负的是学生的未来
教育是尊重，是唤醒，是影响
教育是用爱心去呵护
耐心去等待
恒心去坚守的
教育是培育花的事业
教育是建设根的工程

无论《前方是什么》
我们坚定地《走出教师职业倦怠的误区》
在《给教师的一百条建议》里寻觅
向《我的教育理想》迈进
因为《故事里有你的梦想》①
在《钱理群语文教育新论》里漫步
领悟到《教语文，其实很简单》②的真谛

---

① 《故事里有你的梦想》全名《故事里有你的梦想：18位名师的精神档案》。

② 《教语文，其实很简单》全名《教语文，其实很简单：小学语文名师讲演录》。

我期待——
“教育经典”
让传统的阴霾不再掩盖
让教学的迷惘不再徘徊
让奔跑的脚步高抬
让创新的脚步加快
让探索的恒心毫不懈怠
让创新的理念挑战未来
乐陵教育的大潮方能融入世界
乐陵教育的脉搏方能与时代同在

我期待，让“教育经典”在阅读中积淀
我期待，让“教育经典”在思考中攀岩

幸福是一种感觉

山东省乐陵市教育局教研室　张书才

幸福是每个人的渴望
但幸福在哪里
有人说
生活富裕才能拥有幸福
有人说
家庭和睦才算真正幸福
也有人说
事业成功才称体验幸福

幸福是每个人的最爱
但幸福是什么
有人说
幸福是远离喧嚣心灵得到安静
有人说
幸福是志同道合的朋友共相处
也有人说
幸福是阔别已久的亲友再相逢

到底真正的幸福是什么
其实
幸福是一种感觉

即使粗茶淡饭但手捧一本爱书
恬静而幸福
即使相隔千里但心中彼此牵挂
思念而幸福
即使平凡无奇但工作兢兢业业
无悔而幸福

幸福是心灵的安宁
幸福是心灵的丰盈
幸福是心灵的家园
幸福是一种感觉
愿幸福永远相伴

情系教坛，奉献乐陵

山东省乐陵市丁坞镇中心小学　田晓玲

有一首歌最动人
那就是高尚的师德
有一种风景最隽永
那就是神圣的师魂
有一种人生最美丽
那就是做光荣的人民教师

作为文明的传承者
校园就是我们的蓝天
课本就是我们的田野
纵使再苦再累
我们也会挺直脊背
站稳脚跟

我们的岗位
是多么的普通
又是何等的
不寻常

丁坞小学，不是汽笛悠扬的海港
却见成群的海燕，展翅翱翔
丁坞小学，不是钻机隆隆的矿山
却储存着祖国最珍贵的宝藏

丁坞小学，不是百灵鸟欢唱的原野
却有千朵万朵迎春花竞相绽放
丁坞小学，不是梅花鹿雀跃的丛林
却有澎湃的松涛在耳边回响

多少红枫，多少绿柳，多少白杨
在我们丁坞小学孕育成国家的希望

我们的职业，是那么平凡
又是何等的高尚

我们不是水手
却带领孩子们
征服了多少惊涛骇浪

我们不是设计师
却架设了多少
通往真理的桥梁

我们不是医学家
却抚平了多少孩子
心灵深处的创伤

多少次
我们放弃午休，对孩子进行单独辅导
多少次
我们走进教室，和孩子们促膝交流

多少次
因为付出
孩子们把我们团团围住
抱着我们像对待亲人一样

多少次
因为付出
孩子们围着我们发出天真的誓言
老师，我们永远不会把您遗忘

多么好的孩子啊
怎能不让我们把自己的全部真情付出

多少个黎明，牵着朝霞做伴
多少个黄昏，踏着晚霞回还
滴滴汗水中，把教书育人的天职谨记
漫天星光里，凝聚对学生的殷殷期望

我们的事业
并不显赫一时
却珍藏着六十五万枣乡人
深情的希望

我们的青春
虽不能永远常驻
却在未来的岁月中
和丁坞小学的名字一起辉煌

我们用心血、汗水、皱纹和白发
为丁坞小学换来满园的春色
遍野的花香

希望乐陵教育能够更快、更好地发展
让我们一起拼搏直前
向着明天，向着太阳，向着辉煌

您是我温暖的港湾

——献给婆婆的母亲节礼物

山东省乐陵市大孙小学　魏传芳

娘！九年前你我素不相识
现在，您是我最尊敬、最感激的人
娘！九年前我怀着忐忑的心情来到您身边
是您的爽朗、真诚化解了我的顾虑

娘！感谢您培育了如此优秀的儿子
遇到他，我的人生从此与众不同
娘！感谢您帮我带大我的宝贝女儿
她的健康、懂事、礼貌与您每天不求回报、默默的付出息息相关
娘！感谢您对我的疼爱
病床上的我，看到您的关心、焦急，甚是感动
亲娘，也不过如此吧！您不是亲娘，胜似亲娘啊

娘！九年的时光已经匆匆逝去
您的腰身变得不再那么挺拔
您的双鬓又增添了几丝霜花
您总是为我们着想
即使您在生病时
想的还是我们

您告诫自己，不能躺下
躺下了，我的孩子们怎么办啊

娘！我想对您说
您总是为我们着想，心里唯独没有您自己
娘！我想对您说
我们已经长大成人
我们已经成家立业
就让我来孝敬您，让您多享福吧

娘！母亲节到了，我要把什么送给您
我要把世界上最美的衣服送给您
我要把世界上最好吃的美食送给您
我深知这些都不足以表达对您的心意
却能表达我对您深深的敬意

娘！您为我们付出的一切，我将永远在心中铭记
娘！千言万语诉不尽我对您的尊敬
娘！万语千言道不尽我对您的爱
娘！请接受我最美好的祝愿
祝您
健康长寿！万事如意

悲秋　暖秋

山东省乐陵市教育局　李　超

寂寥的风扫过落叶
萧瑟尽显
行色匆匆的旅人追逐着心中的灯盏
在这光晕昏黄里
远去的背影被无限拉长
消失在灰色的马路尽头

温暖的风拂过面颊
心旌摇曳
笑意盈盈的游人拖拽住时光的脚步
在那光影斑驳中
细碎的鞋印延展生长
标记在金黄的行道树旁

呼啸而过的车子带起风的喧嚣
川流不息中
氤氲着生活的交响
风起风停间
渲染多少人间悲戚
勾画几许世上欢颜

鞠一捧心海的水
洗一缕秋日的阳光
镌刻下生命之痕
风吹过
心海荡漾层层光圈

细思量
悲秋 暖秋
只是
心海微澜
萧瑟 温暖
只在
一念之间

最美的时光

山东省乐陵市郑店镇育英小学　孙明艳

春天
小草得到了阳光的照射
感叹
这是最美的时光

夏日
知了得到了微风的吹拂
感叹
这是最美的时光

秋天
落叶得到了大地的抚慰
感叹
这是最美的时光

冬日
大树得到了雪花的装饰
感叹
这是最美的时光

此时
我静静地坐在窗前
听着窗外的雨声
手捧一本书籍
心中轻轻地感叹
这就是最美的时光

雨声混杂着滴答声
思绪伴着雨声
四处飘
四处飘
一直飘向遥远的地方

此时
心定了
世界静了
雨声越来越清晰了
但思绪却
越来越远了

我想
这就是
最美的时光

附 录

遇见更美好更强大的自己

——山东省德州市乐陵教师读书会纪实

高 平

2016年岁初，我和《创新教育》的记者李韫琬驱车去枣城乐陵。冬末的北方仍寒意袭人，我们心中却充满热望和期冀，好奇地想象着仰慕已久的乐陵教师读书会。曾经几次听陶继新老师十分激赏地谈起，但我心里有疑团层层：每天忙忙碌碌的教师们，有时间经常参加读书会的集中活动吗？是什么信念和梦想支撑他们坚持下来的？在浮躁喧嚣功利主义的当下，真的会有一群怀揣梦想、沉静淡泊、自得其乐、潜心读书的“追梦人”吗？

见证：和课改一起成长的读书会

车到宾馆夜色已深，读书会的创建者——乐陵市教育局教研室的吴健老师热情地迎接了我们，他风采儒雅，书卷气十足，我们一见如故，直到夜深仍谈兴未尽。热爱教育、热爱读书的我们几乎谈的都是：读书润泽生命，使人优雅、平和、睿智、博大；读书净化心灵，丰盈精神家园，使人的思想充满活力；读书驱除粗俗、卑微、促狭、偏激，不但使人变得亲和、大气、高贵、有魅力，而且使教育也充满了强烈的吸引力。

吴健老师说，成立读书会的初衷是认为“读书、写作、实践、成长”是教师成长发展的基本元素。他1998年进入乐陵市教育局教研室工作，担任小学语文、品德教研员。2001年课改之初，自上而下各种各样的培训纷至沓来，但实施效果并不理想。在教师的思想素质以及发展意识没有同步跟进的情况下，仅仅培训教材和课标，等于丢了“道”而只抓了“术”，教师处于被动接受、消极应付的状态。培训多是高校教授和科研专家主讲，缺少实践锤炼的名师参与，没有贴近教育教学实际，没有帮助一线教师厘清困惑、解决他们遇到的实际问题。

因此，2004 年 9 月，借助市教育局普遍建立学科中心组的契机，吴健老师着手建立乐陵市小学语文学习团队，有意于利用团队力量来推进教研工作的开展。当时大部分学校受教科研水平和学习资源短缺的制约，在培养带头人方面缺少相应的机制和规划。很多教师也满足于学科成绩排名前列的现状，缺少自我发展的意识。年复一年的机械重复，教学无创新、少趣味，教师自身素质止步不前，教育教学不能吸引学生等问题迭出。2007 年以来，随着乐陵市政府招聘教师的力度不断加大，一批从正规师范院校毕业的青年教师开始进入农村中小学任教。这些新教师学历较高，富有激情活力，但如果陷于一个不求发展的氛围中，时间长了也会成为新时代的“方仲永”，所以需要在思想素质和业务技能方面有及时、恰当的引领，并搭建适合他们学习、发展的平台。“独学而无友，则孤陋而寡闻。”建立一个县域范围内的学习共同体已经迫在眉睫。只有从书籍中汲取丰富的营养，打开教师的眼界和心界，才是做好教研工作的根本。2008 年 11 月，在时任教育局党委委员、教研室主任齐国强和教科所所长路学志的支持下，乐陵市小学语文教师读书会正式成立。当时有成员 28 名，骨干力量均来自学科中心组。

读书会的基本宗旨是给喜爱读书、渴望发展的教师搭建一个互相交流学习的平台。要求成员热爱教育事业，热爱学生，为人谦逊质朴，乐于钻研追求。与书为伴，以文会友，主动发展，共同成长。大家牢记陶继新老师的话：“一个不喜欢读书的老师不会成为优秀的教师，一个不喜欢阅读的孩子绝不是一个优秀的学生。”他们将读书、写作作为每天的必修课，从书籍中汲取营养和智慧，开阔眼界，感悟真情，解答疑虑，获取力量，从而使工作和生活上的许多难题迎刃而解，收获了一份源自内心的幸福。

读书会成立以来，一直目标明确、行动笃定——“推进乐陵市教学改革和发展，为全面提升教育教学质量服务”，“选拔培育骨干教师群体，为上级业务部门推荐、输送优秀人才”，“为各学校培养学科带头人，推进教育教学质量的可持续发展”。读书会最终沉淀出了一份份宝贵的资料——读书会的基本宗旨和目标；读书会成员担当的职责和履行的义务；读书会的活动方式和组织纪律；读书会成员的学习交流文集……

耳闻不如亲历。次日一早，我们来到乐陵市实验小学的四楼研修室。读书会会员们和许多教师都大老远赶来，有坐公共汽车来的，有自己开车来的。天气很冷，可是每个人心头暖意融融，燃烧着一簇火焰，涌动着一股热浪。采访交流活动由吴健老师主持，他说：读书会从成立至今，经历了一次次的蜕变和洗礼，破茧成蝶。读书会也在原来读书写作、集中交流的基础上，进行了以板块式结构展现活动内容的改进。板块式结构分为经典诵读、读书交流、课改论坛、教育叙事、国学讲堂、书法练习等板块，邀请学养深厚的校长和名师担任顾问、主讲人和指导教师，以丰富教师的精神世界、提高教师的人文素养。

读书，是在别人的思想的基础上，建立自己的思想。读是写的前提和基础，写是读的深化和延伸。读书交流之余，教师们勤于笔耕，将点滴体会、教学心得等毫无保留地倾诉在笔记本和电脑上。流淌在笔尖的文字，渐渐汇成了潺潺的小溪。他们在《与众不同的教室里》①《跟苏霍姆林斯基学当老师》《在教育家的智慧里呼吸》，懂得了应《回到教育的原点》②，悟出了《教语文，其实很简单》③……多年磨砺一剑，他们的思想更丰富成熟；多年累积沉淀，他们绽放出绚丽的思想之花。在他们眼中，书里的文字是一个个跳动的音符，组成了感染孩子们心灵的乐章。

除了书香陪伴成长外，读书会还利用节假日，定期组织交流研讨活动。在乐陵市教育局举办的“读书与教师成长”论坛活动中，会员们把自己所思、所悟、所得以及实践体会和全体教师一同分享。在迎新年诗歌朗诵会上，教师们用或昂扬奋发，或深沉舒缓的声调，诠释着诗歌的力量，大家被陶醉了，余音绕梁，久久不绝……

① 《在与众不同的教室里》全名《在与众不同的教室里：8 位美国当代名师的精神档案》。

② 《回到教育的原点》全名《回到教育的原点：窦桂梅教育教学管理精华》。

③ 《教语文，其实很简单》全名《教语文，其实很简单：小学语文名师讲演录》。

在我们的采访交流活动中，读书会的教师们背诵经典，畅谈体会。思想的碰撞摩擦出友谊和智慧的火花，激发出许多真知灼见，读书和交流让大家茅塞顿开，而且心与心的距离更近了。分组进行的讨论深深地吸引了我，当一个小组中的一位教师谈起李商隐的《锦瑟》时，有的教师说最喜欢“沧海月明珠有泪，蓝田日暖玉生烟”这两句，不必很明确地进行解释，就已十分唯美，有的教师则对“望帝春心托杜鹃”中的“春心”有点不解，还有教师对史书上关于李商隐无品的评价愤愤不平，并引经据典力证李商隐人品和诗才都是一流的。另一组教师们谈论的是泰戈尔的《飞鸟集》，大家针对郑振铎先生和冯唐的翻译进行了讨论，郑振铎是大师，但毕竟翻译年代较久远，而冯唐的翻译有些也有不少争议。有教师尝试重新翻译，大胆创新，令人赞叹。我看到的不是一群只会看教科书的老夫子，而是有思想、有激情、有创意的“灵魂工程师”。

然后，大家一同观看了读书会成立后的纪念短片。读书会集中交流时间都安排在节假日，而读书会成员大都是各学校的领导或业务骨干，平时工作繁忙，节假日也会有很多家务缠身，但他们坚持把读书、学习放在第一位，将终身学习作为坚定不移的信念。

张立敏老师是读书会理事，她来自于偏远的大孙乡小学，2007 年经招聘来到乐陵任教，2008 年加入读书会，现在她已经是乡教研室主任、六年级年级主任兼语文教师，平时住校，只在节假日赶回远在宁津县的家。每逢读书会集中活动，她都早早赶来参加。她不但自己坚持学习，还带动魏传芳、汪芸、于娟、刘秀凤等教师加入了读书会，每次都亲自开车接送他们来城区参加读书交流活动。

来自孔镇小学的尤林燕老师，因为家中老人年龄大、身体弱，无法照顾孩子，她便带着年幼的儿子奔波三十多公里来参加读书会。孩子瞪着可爱的、好奇的眼睛，看叔叔阿姨们诵读交流，他那小小的心灵也受到濡染了吧。

读书会 2016 迎新年诗歌朗诵会举行时，魏传芳老师却因病住院了。身在医院，心系读书会的她特意让爱人在病房里给她录制了自创的诗歌诵读《只要你坚强》：“无论多么大的人生灾难，即使天瞬间就要塌下来，你也要挺起你的脊梁。”魏传芳老师的勇敢无畏、达观坚强深深地感染了在场的每一位教师，许多人悄悄拭去了眼角的泪水。

深受颈椎、腰椎病折磨的鞠红英老师和李俊红老师，半路改行奋起直追的崔晓楠和殷玉华老师，身兼数职又多才多艺的张书才老师，家在外地的刘华老师，为集中活动默默整理会场的赵玉杰和耿玉霞老师……教师们从没有因为个人原因在集中活动时请过一次假。

读书会的成员们，在别人享受周末或者节假日的娱乐休闲时，他们却在读书会读书，不知疲倦，乐在其中。还有一些校长也都是读书会的资深会员，他们不但积极引领本单位教师的专业成长，还热情参与读书会各项活动的组织和筹备，其乐陶陶。

读书会的每一个成员各有特色，但他们的共同爱好都是喜欢书、热爱书、亲近书。

渗透：一股带动教学的动力源

读书会坚持到现在，并且越来越发展壮大，除了教育局领导和各学校的大力支持外，还得益于教师们如兄弟姐妹般的互相激励、执着坚持。这群人纯洁得像孩子一般，别无所图，只是单纯地爱读书、好钻研而已。那么，他们是怎样把读书和工作融为一体的呢？

原来他们是变个人研究为团队互助，积极探索教学改革新途径。

（一）经典诵读

2003年至今，读书会在全市小学持续开展“经典诵读”活动，推荐各年级的诗词题目（每个年级每学期20首），由各学校自主编辑内容。2009年后，组织读书会骨干成员开始编写适用于各个年级的“经典诵读”电子版，并根据师生的建议，每学期进行修订。现在“经典诵读”的电子版本采取板块式结构：古诗词、古文、散文、现代诗歌、名言警句、歇后语、成语、儒学经典语句等。为使这项活动真正落到实处，他们把“经典诵读”的内容列入教学质量监测的命题范围，并纳入小学教育质量综合评价体系中，并且每学期都开展各种形式的比赛和展示活动。根深方能叶茂，土壤深厚才可以成就参天大树。

（二）课外阅读

在推动课外阅读方面，读书会也做了大量工作，首先积极宣传引导，转变广大教师和家长的思想观念，并借助《义务教育语文课程标准》（2011年版）和《德州市教育局关于加强全市中小学语文课外阅读的指导意见》的文件要求，积极推荐适合各个年级阅读的经典书目（每个年级每学期2本必读书目、2本选读书目）。另外，把课外阅读的质量也纳入对各个学校的量化考核中，还把课外阅读指导课作为读书会的研究课题，通过公开课、研讨交流等形式，力促课外阅读深入持久地开展下去。登高才能望远，视野广博，孩子们的天地才能开阔辽远。

（三）课程改革

发挥读书会骨干成员的带动作用，让读书会发展的路子越走越宽，他们依托乐陵市实验小学作为全市小学课改的研究平台，走过了由课堂改革向课程改革的转变之路。近几年，乐陵市实验小学积极研究构建“一体多维”课程体系，即以关注学生的生命成长为根本，形成了生命课程、文化课程、学科课程、学法课程等多维度的课程体系，并在全市小学逐步推广。读书会的教师们因地制宜，在自己的学校坚持开展课题研究，不断探索新的路径，从根本上扭转课堂教学中长期存在的“高耗低效”的局面。目前，读书会的集体研究课题——“基于教师专业发展的县域学习共同体研究”，已经被德州市教科所确定为重点项目资助研究课题。

（四）书法教学

在读书会博览群书的基础上，拓展教学方阵。把书法教学作为全市小学语文教学的重点，提出“写工工整整中国字，做堂堂正正中国人”的响亮口号。推动“晨诵、午写、暮读”活动的开展，推动书法课的开设，各年级每周至少上一节硬笔书法课，三年级以上开设毛笔书法课。在考试命题中加大卷面分的比重，把作业书写质量评价作为小学教学常规的重要考核指标。

难忘：一串串跋涉的足迹

读书会蓬勃发展至今，对吴健老师的执着坚守我既敬佩又不解：很多和他一起成长起来的教研员凭借手中的资源、人脉与机会，评了特级教师，然后进了大城市，难道他看着不失落吗？吴健老师沉思片刻后说他没有细想过这些，他志不在灯红酒绿、大红大紫，他更偏爱青灯黄卷、淡泊平实，教师的成长进步就是他的幸福所在。

下午，读书会的教师们进行了座谈。他们说出了自己的思考、希冀、困惑……不难发现读书会自成立到现在有着许多感人肺腑的往事：成立乐陵市小学语文教师读书会；产生理事会，制订读书会章程和考核细则；为广纳全市中小学教师而改名为乐陵教师读书会；聘请陶继新、李升勇、刘文峰、路学志等担任学术顾问；聘请刘军、李会山等分别任国学、书法指导教师；十余所学校受此影响成立了教师读书会。多年来读书会举办的经典活动有：平时自学并完成主题作业，2~3 周集中交流一次；会员在各校举办读书节、“经典诵读”活动；举办“读书与教师成长论坛”；自创诗歌朗诵会……

感叹：先把缆绳解开吧

航船依旧，风帆已张，
为什么还要驻足？
岸上新绿依稀可见，
海中绯红星星点点，
应该做点什么？
哦，先把缆绳解开吧！

春风起了，
旭日升起了，
心中那片海，
破冰融化了！

鼓起风帆
向着心中最美的风景
起航！

——李超：《心中那片海》

两天欢聚，真心聊叙，坦诚率真，无拘无束，共同的爱好和追求使教师们有了一种生命认知相似的知音感，有了对教育的一腔赤诚及对生命的独特感悟。读书会为大家呈现了一场有关语文课程、语文教学、语文教师、语文教育的饕餮盛宴。

有着共同爱好、共同目标的读书会成员们把“酒”话阅读，在书香中获得成长。当思考和智慧相遇，必定生长出生命的一片绿荫；当求索者和先行者相逢，必然激荡起生命之流的旋涡。没有张扬、没有偏激，只有娓娓道来，只有惺惺相惜。想起民谣《南山南》中的一句歌词：“我在北方的寒夜里四季如春”，何其契合自己的心境：冬日寒冷，心暖如春！

相聚的日子总是太短，总觉得还有很多事没有谈完，还有很多想法没有说透，还有很多生活感悟没来得及交流。亦师亦友的知音带给读书会太多的改变和惊喜，亦留给了我们太多的思考和助力。

“一盏灯、一杯茶、一本书”，这已成为定格在我们脑海中的“深夜经典读书”场景。白日的喧嚣此刻已尽消融在柔和的灯光、淡淡的茶香、跃动的文字里。读书会成立至今，整理了诗意诗韵、读书计划、课改新篇、课堂内外、读书悟理、篇外感悟等一系列文集，共计作品1500余篇。读书会教师们的辛勤耕耘也取得了骄人的成果，不仅在各级报刊上发表了诸多作品，而且在各级优质课、教学能手、论文评选中屡获佳绩，有的教师还获得了“师德标兵”“优秀教师”和“创新教师”的殊荣。

说起读书会未来的愿景，吴健老师坚定地说：一年内，出版读书会学习成果文集；二年内，部分教师出版个人专著；三年内，骨干成员走出乐陵做课、讲座；五年内，出现一批既有理论深度又有实践水平的专家型名师。吴健老师并非妄言，因为读书会成立以来，大家都在用心读书，用书论道，以道治学，并因学而获得了成长。

见证乐陵教师读书会的成长，共沐风雨的李超老师内心可谓五味杂陈。他对我道出了读书会成员的共同心声：“七年的岁月流淌，七年的卧薪追寻；七年的韶华渐逝，七年的心路辗转；七年的时光挪移，七年的书海沉浮；七年的四季更替，七年的拔节成长。经历了七年的积累沉淀之后，我们抬起头，审视前方的路，虽然仍有一丝迷茫萦绕，但内心的那份坚守早已化作每天的生活具象，不折不扣、坚持不懈地走下去。”

与书为伍，少一分浮躁，多一分清纯；少一分粗俗，多一分儒雅；与书为伍，遇见更美好更强大的自己。前方道路遥远，激情却澎湃如故。乐陵教师读书会将以更加阳光的面容去迎接新的挑战，以更加茁壮的身姿去彰显生命的能量，以更加优雅的心情在书香中成长。

（刊登在《基础教育课程》2016 年第 20 期，有删改）

江苏凤凰教育出版社
《行知工程》系列丛书目录

系列	序号	书　　名	作者	定价
名师感悟系列	1	《书香润泽生命——让教师幸福成长的阅读感悟》	吴　健	40.00
	2	《追寻教育的精神力量 ——品悟教育名家的智慧与情怀》	侯登强	45.00
	3	《让心灵伴着歌声成长——22位音乐名师的教育智慧》	陈　璞	30.00
	4	《超越自我的教师——32位名师的成长感悟》	李卫东　李秀伟	35.00
	5	《心灵的守护者——19位名班主任的教育智慧》	王晓松　曲文弘	30.00
	6	《名师感悟班主任有效工作艺术90例》	符礼科	30.00
	7	《名师感悟有效教学90例》	林高明　徐玉烟	30.00
教育思想者系列	8	《名校之道——陶继新对话名校长（7）》	陶继新	42.00
	9	《名校之道——陶继新对话名校长（1）》	陶继新	30.00
	10	《名校之道——陶继新对话名校长（2）》	陶继新	35.00
	11	《名校之道——陶继新对话名校长（3）》	陶继新	42.00
	12	《名校之道——陶继新对话名校长（4）》	陶继新	40.00
	13	《名校之道——陶继新对话名校长（5）》	陶继新	42.00
	14	《名校之道——陶继新对话名校长（6）》	陶继新	42.00
	15	《治校之道——小学名校长的办学智慧（1）》	陶继新	35.00
	16	《治校之道——小学名校长的办学智慧（2）》	陶继新	32.00
	17	《治校之道——小学名校长的办学智慧（3）》	陶继新	35.00
	18	《治校之道——中学名校长的办学智慧（1）》	陶继新	40.00
	19	《治校之道——中学名校长的办学智慧（2）》	陶继新	35.00
	20	《父母要成为子女的精神导师——五个孩子走向卓越的奥秘》	陶继新	43.00
	21	《品鉴教育文化盛宴——陶继新序跋屯集》	陶继新	45.00
	22	《为什么而出发——一位研究者对教育本质的沉思》	齐　健	35.00
	23	《高效教学的道与术——陶继新教育讲演录》	陶继新	30.00
	24	《铸造一流教育品质——陶继新区域教育巡礼》	陶继新	35.00
	25	《教育，一切从孩子出发》	黄　俭	30.00
	26	《教育可以变得简单——献给教师和家长的书》	黄　俭	36.00

系列	序号	书　　　名	作者	定价
教育求索系列	27	《STEM⁺教育的课程整合与教学实践》	肖　萍	40.00
	28	《做有智慧的班主任——班主任讲述自己的反思与智慧》	李　楠　李志远	35.00
	29	《成语育人——成语文化课程的开发与实践》	张红梅	35.00
	30	《做有思想的教师》	张玉彬	45.00
	31	《区域规范性教研共同体建设及其实践》	陈宗成	40.00
	32	《让诗意润泽心灵——德育校本课程的开发与实施》	陈亚兰	40.00
教育求索系列	33	《联想形象识字教学——让学生感悟汉字神韵》	侯忠彦	50.00
	34	《思维导图教学法：一位历史老师的教学探索》	罗培生	35.00
	35	《让经典滋养人生——名著导读教学策略（中学）》	郑建忠	35.00
	36	《关注每一位儿童的发展——语文小班化教学的探索和实践》	何慧玲	40.00
	37	《让生命诗意地栖居——诗意教育的理念建构与实践探索》	钱丽美	40.00
	38	《怎样上好语文课——时鹏寿解析精彩课例》	时鹏寿	45.00
	39	《让书香浸润生命——时鹏寿伴你品读经典》	时鹏寿	35.00
	40	《开在手心里的花——一位优秀教师的教育情怀》	詹雪莲	40.00
	41	《学科建设与教师发展——中学数学》	杨志文	30.00
	42	《欣说教育那“一亩三分地” ——一位一线教师的教育微思考》	王庆欣	30.00
	43	《爱的守望——一位一线教师对教育的坚守》	林卫红	30.00
	44	《思政教学的人文力量》	戴晓华	30.00
	45	《师道新说——给教育者的30条箴言》	徐　卫	30.00
	46	《快乐数学——初中数学教学方式探索》	孙国芹	36.00
教育管理力系列	47	《学校管理“非常道”——无痕管理的场域建设》	陈兴杰	45.00
	48	《缔造唯美教育——延奎小学素质教育实施策略》	易增加	30.00
	49	《让普通学校崛起的20个细节 ——“生命为本”教育团队成长密码》	李其玉	30.00
	50	《“走”出教育的精彩：走动式学校管理文化构建》	罗　军	30.00
	51	《校长兵法：学校管理四十六计》	皮大鹏	30.00

系列	序号	书　　名	作者	定价
校本研修系列	52	《成为研究型教师的实践智慧 ——中小学有效教科研 76 问》	徐　洁	40.00
	53	《徜徉语文教研》	肖俊宇	35.00
	54	《校本研修资源的开发与利用》	陈朝林	30.00
	55	《校本研修与教师专业成长》	吴积军	30.00
	56	《卓越教师经典研修成长策略》	刘天宝等	30.00
	57	《特色校本课程开发范例解读》	刘永平　李秀伟 张雪梅	30.00
	58	《高效校本研修模型构建艺术》	刘素雁	30.00
	59	《走向实践的教研——中小学教育科研引领与应用》	江　敏	30.00
教育艺术提升系列	60	《不犯错误的学生不是好学生 ——把错误变为成功教育的拐点》	程莉霞	35.00
	61	《藏在师生体态语言里的教学智慧》	张　宇　廖生波	30.00
	62	《教师最应该规避的教育误区》	杨坤道	30.00
名师成长系列	63	《音乐名师成长启示录 ——20 位音乐名师的心路历程》	陈　璞	35.00
	64	《情怀・智慧・境界——教育名家演讲录（1）》	钟惠河　李楅琬	30.00
精彩课堂系列	65	《让孩子零起点爱上阅读 ——上好阅读指导课的实施策略)》	彭小山	25.00
	66	《主题整合阅读教学（小学语文)》	成孟武	35.00
	67	《基于核心素养的数学教学》	赵红婷	35.00
	68	《中学生核心写作能力培养》	陶　波	36.00
	69	《给孩子更好的数学课堂》	易增加	30.00
	70	《小学生阅读素养的提升策略》	邵巧治	35.00
	71	《从语文素养走向生命成长 ——小学语文读写课堂教学密码》	曾海玲	30.00
	72	《真实的品德课》	朱淑秀	30.00
	73	《英语课堂学习共同体——新型的师生交互学习场》	杨延从	30.00
	74	《指导自主学习——初中数学学与教的研究与实践》	刘其武	30.00
	75	《玩出精彩的课堂 ——小学低年级教与学方式转变研究》	陶红松	30.00
	76	《让生命之花自主绽放——语文个性化教学建构策略》	商德远	30.00
	77	《让学生亲历知识——主体参与下体验式学习的实施策略》	何世祥	30.00

系列	序号	书名	作者	定价
教育探索者系列	78	《教育，静待花开——陪伴孩子一起成长》	武际金　王玉英	40.00
	79	《悦读立人——校园阅读文化体系构建策略》	杨世臣	30.00
	80	《教育智慧何处来——一位特级教师的思考手记》	付立金	30.00
	81	《和雅文化——校本课程的创新构建》	汤善香	30.00
	82	《让个性绽放精彩——学校课程体系整合与创生》	谢建伟　徐淑萍	30.00
	83	《让每个学生都幸福——最能润泽生命的学校文化建设》	谢建伟　张新喜	30.00
创新教学探索系列	84	《让阅读滋养学生语文素养——语文阅读教学策略与实施》	李洪芹	38.00
	85	《学校体育密码》	连仁都	36.00
	86	《我家住在〈诗经〉里》	李日芳	40.00
	87	《〈红楼梦〉里的语文课》	李日芳	30.00
	88	《品世界名画，学精彩作文 ——特级教师的“名画”作文教学法》	李日芳	36.00
	89	《学生数学整体思维培养 ——小学数学结构化教学的探索与实施》	颜春红	45.00
	90	《基于核心素养的体育与健康校本课程建设》	赵卫新	35.00
	91	《把古文教活——激活文言文课堂的教学策略》	刘小华	35.00
	92	《做童年面前最合适的人——我和孩子们的“童化语文”》	曹丽秋	30.00
	93	《玩出精彩作文——张化万活动作文教学经典策略》	张化万	35.00
	94	《让学生把母语用精彩——“语用课堂”的探索与实践》	余小红	30.00
	95	《“备”出课堂精彩——备学式教学的课堂实践与思考》	张旭兰	30.00
	96	《神奇的阅读教室——带学生踏上美妙的阅读之旅》	李祖文	30.00
	97	《打造有生命力的课堂 ——“两步八环节”教学模式探索与实践》	查联智	30.00
	98	《最能培养学生探究能力的课堂 ——小学科学与信息技术单元整体课程实施与评价》	李怀源	30.00
	99	《最能激发学生运动天赋的课堂 ——小学体育单元整体课程实施与评价》	李怀源	30.00
	100	《最能提升学生艺术素养的课堂 ——小学艺术单元整体课程实施与评价》	李怀源	30.00
	101	《“生命语文”探索——焕发语文生命力的思考与实践》	王自成	30.00
	102	《粘连作文教学：让习作成为有个性的自我建构》	黄瑞夷	30.00

系列	序号	书　　名	作者	定价
创新教学探索系列	103	《备学式教学——在体验中建构数学思维》	单广红　范雪梅	30.00
	104	《向着自主进发——自主教育的创新实施智慧》	朱亚红	30.00
	105	《写中学——让学习更有效的学科写作教学》	钟传祎	30.00
	106	《小学科学实验总动员——大科学课堂有效提升学生创新力》	江美华	30.00
	107	《小学语文单元整体课程实施与评价》	李怀源	30.00
	108	《小学英语单元整体课程实施与评价》	李怀源	30.00
	109	《小学数学单元整体课程实施与评价》	李怀源	30.00
	110	《让教学更能激发智慧——“思维碰撞”课堂的建构与实施》	程和方	30.00
	111	《构建语文综合课新模式——家庭、社区、学校协同教学》	黄瑞夷	40.00
	112	《自主创新让教学成为有效引领》	蔡　隽	30.00
新父母教程	113	《一年级的孩子》	陈文芳	28.00
	114	《二年级的孩子》	陈文芳	28.00
	115	《三年级的孩子》	钱静霞	28.00
	116	《四年级的孩子》	谢　云	28.00
	117	《五年级的孩子》	陈　春	28.00
	118	《六年级的孩子》	袁卫星	28.00
	119	《七年级的孩子》	焦晓骏	28.00
	120	《八年级的孩子》	钟　杰	28.00
	121	《九年级的孩子》	凌宗伟	28.00
国际教育系列	122	《美国教育面面观——一位特级教师眼中的美国教育》	邵淑红	35.00
教师软实力系列	123	《教师人际沟通力》	黄爱华　夏丽娟	38.00
	124	《班主任教导力》	黄爱华　戴诗银	38.00
	125	《教师执业道德力》	黄爱华　夏丽娟	38.00
名校系列	126	《从校本课程走向学校课程——锡山高中课程探索之路》	唐江澎等	35.00
	127	《让每个孩子都成志——清华附小主题阅读课程的实施探索》	窦桂梅	30.00
	128	《让每个孩子都成志——清华附小主题实践课程的实施探索》	窦桂梅	35.00
	129	《向着朝阳走去——清华附小合作办学实践探索》	窦桂梅	30.00

系列	序号	书　　名	作者	定价
校长领导力系列	130	《学校细节管理的执行力》	林文明　王林发	30.00
	131	《校长智慧统筹的领导力》	谢耀丰　蔡丽姗 王林发	30.00
	132	《学校持续发展的研究力》	林文智　宋佳敏 王林发	30.00
	133	《学校和谐融洽的协作力》	陈一平　郭雪莹 王林发	30.00
	134	《学校教育提升的引领力》	谢文东　关敏华 王林发	30.00
	135	《学校团队成长的学习力》	黄纪　蔡美静 王林发	30.00
	136	《学校高效管理的创新力》	张　旭	30.00
	137	《学校成功管理的决策力》	邱黎明	30.00
	138	《高品质学校生长要素》	王益民	30.00
	139	《校长高效教学领导力提升策略》	徐世贵　郭文哿	30.00
新思维系列	140	《让后进生学习有后劲之36计》	严育洪	30.00
	141	《教育中的“不一定”——打破教育的19种思维惯式》	严育洪	30.00
教师修炼系列	142	《如何炼就课堂好声音——教师美嗓保健实用宝典》	薛建洲	30.00
	143	《与学生一起成长——90后教师的心路反思》	王　晗	30.00
	144	《教育，爱与宽容——教师心灵礼仪修炼》	许力争	30.00
教育家核心思想系列	145	《叶圣陶论写作》	叶圣陶 著 李怀源 选编	30.00
	146	《叶圣陶谈阅读》	叶圣陶 著 李怀源 选编	30.00
	147	《多元智能理论的本土化应用》	刘治富	30.00
	148	《大教育家最具施教力的教学思想》	白刚勋	30.00
学生心理解码系列	149	《在人生的春天播种 ——十四岁，写给青春的一封信》	白宏宽	30.00
	150	《孩子问题行为一点通 ——只有好老师才知道的学生心理谜底》	严育洪	30.00
班级文化系列	151	《活力班级的文化建设》	胡　珏	30.00
	152	《做幸福的班主任》	吕　丽	26.00

系列	序号	书名	作者	定价
高效能教学系列	153	《高效能教师的10个好习惯（中学卷）》	张　瑾	30.00
	154	《让作文落地生根——提高写作实效的教学策略》	黄桂林	30.00
	155	《高效能作文教学5项修炼》	陈步华	30.00
	156	《高效能校长的10个好习惯》	张　勤	30.00
	157	《高效能教师的10个好习惯（小学卷）》	谢　英	30.00
	158	《高效能语文教学5项修炼》	王其华	30.00
新课程探索系列	159	《语文新课程的批判与重建》	葛桂斌	30.00
美国名师教学译丛	160	《美国名师游戏教学本土化应用：幼儿园》	（美）玛西娅 L. 泰特 著 胡珍　瞿菁　编译	30.00
	161	《美国名师游戏教学本土化应用：小学英语》	（美）玛西娅 L. 泰特 著 杨永华　张心影　编译	30.00
	162	《美国名师游戏教学本土化应用：小学数学》	（美）玛西娅 L. 泰特 著 谢艳红　编译	30.00
	163	《美国名师游戏教学本土化应用：小学科学》	（美）玛西娅 L. 泰特 著 刘丽萍　编译	30.00
	164	《美国名师游戏教学本土化应用：小学社会》	（美）玛西娅 L. 泰特 著 姜梅芳　编译	30.00
	165	《美国名师游戏教学本土化应用：小学音体美》	（美）玛西娅 L. 泰特 著 尹立志　编译	30.00
生态化校园系列	166	《文化管理——构建生态和谐校园的必由之路》	付全新	30.00
	167	《点燃学习的激情——构建校园生态化学习型组织》	杨树岳	30.00
	168	《课改突围——构建学校生态化教学体系》	杨树岳	30.00
教育新思考系列	169	《语文教育向何处去》	王　丛	26.00
	170	《教育，就是做好普通的事》	孙志毅	27.00
	171	《走出语文的偏见——让学生体悟文本的原义》	丛智芳	30.00
	172	《让语文教学更高效——批注式阅读教学探索》	韩中凌	30.00
	173	《读写互促——探寻学以致用的语文教学》	曹　龙	30.00
	174	《跳出数学教数学——用文化融通数学教学》	马建秀	27.00

系列	序号	书　　名	作者	定价
信息化教学系列	175	《巧用白板教语文——信息技术与语文教学操作指南》	蒋丽清	30.00
	176	《跨越式实现高效课堂 ——信息技术与课程整合高效教学方案评析》	陈　玲　刘　禹	30.00
教师必读系列	177	《教师必学的16堂修养课》	武宏伟	30.00
	178	《教师不可不知的教学心理效应》	叶勇军	30.00
	179	《班主任不可不知的管理效应》	奚一琴	30.00
	180	《教师不可不知的教育心理效应》	孙　媛	30.00
	181	《校长不可不知的管理效应》	谢申刚　张金豹	30.00
	182	《成为好教师的7项修炼》	王福强　李维华	30.00
	183	《如何让学生会学习》	龙　冰	30.00
	184	《如何让学生爱学习》	周震宇　许小燕	30.00
核心教学主张系列	185	《新生代语文名师核心教学主张》	许友兰	30.00
行思讲坛系列	186	《为了儿童的深度学习——问学课堂的建构与实施)》	潘文彬	45.00
	187	《灵动而朴素地教语文——潘文彬的微格教育生活》	潘文彬	30.00
	188	《师爱无疆——润泽学生心灵的教育故事》	侯忠彦	30.00
	189	《怎样反思更有效 ——促进教师专业发展的反思策略》	诸贝贝	30.00
	190	《成为高度自觉的教育者 ——写给后课标时代的数学教师》	许卫兵	30.00
	191	《哲思数学课》	刘全祥	30.00
	192	《智慧数学课——黄爱华教学思维的实践策略》	黄爱华	30.00
	193	《童趣数学课》	徐　芳	30.00
	194	《把学生教聪明》	严育洪	30.00
	195	《用语文的方式教语文 ——潘文彬教学主张与实践智慧》	潘文彬	30.00
	196	《怎样让阅读教学更有效 ——提升教学能力的十种读诵模式》	汪秀梅	28.00
	197	《让生命在润泽中起舞 ——当代小学生最需要的主题班会》	吴联星　罗　琳 冯卫东	30.00
	198	《让生命欢快拔节 ——当代中学生最需要的主题班会》	冯卫东　吴联星	30.00

系列	序号	书　　名	作者	定价
行思讲坛系列	199	《课堂因生成而精彩——高效教学的生成智慧》	张文质	30.00
	200	《回到每一个人的生命化教育 ——张文质二甲中学教育行动录》	张文质	30.00
	201	《中小学生如何学会合作》	张玉彬　刘昕昱	40.00
中国教育变革之路丛书	202	《百年树人师何为 ——教师队伍建设困顿与出路》	将丽珠　李玉向	30.00
	203	《入园何时不再难 ——学前教育困惑与抉择》	曾晓东 范　昕　周　慧	30.00
	204	《三尺书桌何处寻 ——流动人口子女教育困难与破解》	范先佐	30.00
	205	《苦旅何以得纾解 ——高考改革困境与突破》	郑若玲	30.00
	206	《择校纠结何时了 ——择校问题困局与治理》	曾晓东　周文海 曾娅琴	30.00
创新教学思想系列	207	《“大问题”教学的形与神》	黄爱华　张文质	30.00
教育漫笔系列	208	《课堂，诗意地栖居》	吴书华	30.00
教学提升系列	209	《有思想地教阅读 ——让学生学会品读文字真意》	王学东	30.00
教学全手册系列	210	《小学习作教学全手册》	郭家海	30.00
	211	《中学写作教学全手册》	郭家海	30.00
	212	《情境教学操作全手册》	冯卫东	35.00
	213	《合作教学操作全手册》	李春华	35.00
	214	《探究教学操作全手册》	周新桂	35.00
	215	《自主教学操作全手册》	诸葛彪	35.00
	216	《创新教学操作全手册》	王　玮	35.00
	217	《班主任工作全手册》	刘沛华	35.00
	218	《新教师工作全手册》	周震宇	35.00
	219	《学生心理健康教育全手册》	刘海莉　刘春杰	35.00
	220	《高效教学操作全手册》	马友平	35.00

系列	序号	书　　名	作者	定价
创新人才培养系列	221	《创新人才培养校园科普精品课程开发与指导 ——人大附中创新人才培养》	罗　滨	30.00
	222	《创新人才培养特色校本课程开发与创新人才培养 ——清华附中"国际安全下的科学技术"课程构建与实施》	王殿军　方　研 赵宏雁	30.00
	223	《创新人才培养：学校实验室建设与管理》	刘克文 杨发丽　杨　平	30.00
	224	《创新人才培养：数学探究活动开发与指导》	马云朋　韩继伟	30.00
	225	《创新人才培养：化学研究活动开发与指导》	王　磊	30.00
	226	《创新人才培养：物理探究活动开发与指导》	廖伯琴	30.00
	227	《创新人才培养：地理探究活动开发与指导》	张建珍　陈　澄	30.00
	228	《创新人才培养：生物探究活动开发与指导》	张迎春	30.00
	229	《创新人才培养：理念探索与思维突破》	王晶莹	30.00
新生代通派名师系列	230	《简约数学教学》	许卫兵	30.00
	231	《语文教学的本真——情意课堂展现母语之美》	吴建英	30.00
	232	《语文课堂的理想追求——欢快达成三维目标》	董一红	30.00
	233	《阅读教学的真髓——意象构建读出文学的真美》	祝　禧	30.00
	234	《美术教育的真谛——审美人生教育让生命绚丽成长》	陈铁梅	30.00
	235	《语文教学的理想境界——无痕教学润泽生命》	李　凤	30.00
	236	《儿童作文的本义——嬉乐作文让儿童乐并成长着》	王笑梅	30.00
	237	《名师是怎样炼成的》	王建明　王笑君	35.00
幼师成长系列	238	《幼儿行为背后——教师如何读懂幼儿的心思》	吴亚英	30.00
	239	《最具教育力的 22 种幼儿教育思想》	杨　达	30.00
	240	《幼儿教师必知的安全应急措施》	杨　达	30.00
	241	《幼儿教师必备的教育技能》	李　玲	30.00
	242	《卓越园长 21 条幼儿园管理策略》	周　丹　江东秋	30.00